至高神大宇宙大和神《オオトノチオオカミ》の反転

宇宙における表・裏の融合

88次元Fa-A ドクタードルフィン
松久 正

青林堂

はじめに

大宇宙大和神《オオトノチオオカミ》についての著作は、『至高神　大宇宙大和神の教え』『至高神　大宇宙大和神の導き』『至高神　大宇宙大和神の守護』（青林堂）に続いて、4冊目、約1年ぶりとなります。

令和5（2023）年の7月には『宇宙マスター神「アソビノオオカミ」の呪縛解き』（青林堂）という、少し強烈なタイトルの本を出しました。

アソビノオオカミは、陰を担う神であり、本来、地球人に介入せず見守る立場の神です。しかし、コロナ禍の約3年間、同調圧力による日本人の呪われ方があまりにもひどかったため、警告のメッセージを発信せざるを得なくなりました。そのため、「日本人は呪われている」「呪縛」といった、ショッキングな事実をつまびらかにし、どのようにそれを解いていくかという内容になったのです。

そんな、アソビノオオカミと対を成すのが、陽の役割を担う大宇宙大和神です。アソビノオオカミの本では、陰のパワーが十分炸裂《さくれつ》していたので、バランスを取るため、本書では、大宇宙大和神の陽のエネルギーを凝縮したメッセージをお伝えしたいと思いました。

55次元の存在である大宇宙大和神は、地球人の魂を教育し、修正を助ける力があります。天照大御神《アマテラスオオミカミ》や伊邪那岐神《イザナギノカミ》、伊邪那美神《イザナミノカミ》、天之御中主神《アメノミナカヌシノカミ》といった神々も、力はありますが十分ではないため、大宇宙大和神が、私ドクタードルフィンを通して、今回、この本で地球人をサポートしようとしているのです。

ここで少し、「神のレベル」についてお話しすると、ジーザス・クライストの大いなる父である神と、大宇宙大和神は、ほぼ同じレベルの神です。イスラム教の唯一神アラーも、大元は大宇宙大和神と同じレベルの神であって、おそらく、それぞれが、大宇宙大和神を、違う側面から見た神の呼び名なのでしょう。

つまり、キリスト教の信者にとっては、ジーザスの父が神ということになりますし、イスラム教の信者はアラーを神としていますが、どちらも同じエネルギー体を

「神」と呼んでいるということ。その「神」こそが、宇宙でもっともレベルの高い大宇宙大和神、そして、それと対を成すアソビノオオカミということなります。どちらも、宇宙の最高神であり、双方が発するメッセージは、もっとも高いレベルの教えと言えるでしょう。

私ドクタードルフィンは、そんな神の頂点・大宇宙大和神、アソビノオオカミと同一体の存在ですが、大元は、さらに次元の高い88次元の存在です。この次元になると、言葉も文章も声もなく、人類にメッセージを伝えることができないため、55次元の大宇宙大和神と繋がり、神の意識を「言葉」にして伝えています。

神の言葉は、人間の概念や観念をはるかに超えているため、受け入れがたいこともあるかもしれません。特に、本書は、アソビノオオカミの陰のエネルギーとはまた違う、衝撃的なメッセージが発信されているので、たまげてしまう人もいるかもしれませんが、ショックが大きい分、効果は絶大です。

その言葉は、固まっていた皆さんの頭と心を解きほぐし、魂を揺さぶり、浄化へと導く助けとなるでしょう。

88次元 Fa-A
ドクタードルフィン 松久正

目次

はじめに　2

第1章　「マスターセルフ」と繋《つな》がるために……11

「自分という一個体」は存在しない
「私」を選んだのは「マスターセルフ」
学び、気づかないと指令は切り替わらない
「愛と感謝」の波動を出す無私の境地
「喜びと感動」、そして「ビジョン」を持つ

第2章　「痛み」が教える最高の学び……31

病気は地球人しか味わえない濃厚な体験
「痛み」を受け入れ「痛み」に感謝する
「痛み」の大元にアクセスする診療

第3章　地球が追い求めてきた「不死」……45

誰もが毎晩、生と死を繰り返している

永遠の命を持つギリシャの医神・アスクレピオス

魂の意志を無視した〝医学的蘇生《そせい》〟

愛と感謝で死者復活を可能にした縄文人

第4章　宇宙のシグナルを受け取る方法……61

脳が宇宙の指令を邪魔している

成功したいなら3回は失敗せよ

第5章　偽りのリアルを生き続ける地球人……73

あなたが体験している「自分」は実在していません

我々は同じ「幻想世界」を選び続けている

喜怒哀楽の感情もすべてが幻

第6章 自分を変える意識の持ち方 …… 83

新しい流れに逆行する優劣の概念

DNAを乱す不安と恐怖と怒り

第7章 従属をやめて「個」の独立へ …… 93

日本はガキ大将に追随する「弱くてズル賢い子」

力で押す時代は終わっていく

子供の夢の第1位は「公務員」

極端な感性を生む「家族の絆《きずな》」

第8章 「表宇宙」と「裏宇宙」 …… 107

封印が解けた第8チャクラ

宇宙史上初、表宇宙と裏宇宙が融合
反転エネルギーによって地球は「0」化へ
勢力図が塗り替わり、日本が世界のリーダーに

第9章　反転して融合する新たな世界を生きる……123

学者も感知できない「裏宇宙」
生態系のトップは石?!
裏の地球では皆が死にたがっている
善も悪も受け入れ、新しい自分を生み出す
表と裏が融合し一つの円になる

あとがき　139

第1章

「マスターセルフ」と繫《つな》がるために

「自分という一個体」は存在しない

地球は、元々、心と身体が「もがく」星です。

さまざまな宇宙を経てきた魂が、最終的に、魂の乱れを正すために訪れる場所であり、心と身体を通してもっとも強く正せるのが地球という星なのです。

魂を正すには、それなりに心と身体の厳しい体験が必要になってきます。それは、つらく苦しく痛みを伴い、もがき続ける体験となるでしょう。けれども、厳しければ厳しいほど、それに比例して魂の修正力は強力になっていきます。

宇宙から来る魂のほとんどは、いきなり地球に来るわけではなく、いくつもの星で修正を繰り返しています。しかし、他の星ではどうも生ぬるく、乱れた魂は、その程度の体験では修正できません。

乱れたままの不完全な状態では、さらに上の次元の宇宙に上がれませんから、厳しいとわかっていても、あえて地球という、もっともハードな「修行場」を選んでやってくるのです。

厳しい修行を積み、一気に乱れを正し、少しでも早く、この〝もがき〟から卒業し、解放されたい。まるで尾崎豊の歌のようですが（笑）、次元の高い宇宙に上がることが、魂の一番の課題でありの最大ミッションなのです。

皆さんは、今、地球上に、一人一人の人間として生きています。人間以外の動物や昆虫、植物、鉱物や石たちも、すべて「一個体」として存在しており、当たり前のように、「自分の存在は自分一人だけ」、と感覚的に捉えているでしょう。自分という存在は「この私」であり、それ以外の、何者でもないと思い込んでいるわけです。

スピリチュアルを学んできた人は、そこから少し踏み込んで、身体とは別に魂があることや守護霊、ハイヤーセルフの存在、ゼロポイントの概念などを認識していると思います。しかし、それらも、結局は「この私」の枠内に留《とど》まっており、自分という「一個体」のことを語っているに過ぎません。

しかし、それは、すべて錯覚です。

これは、ショッキングでハイステージな言葉だと思います。しかし、最初に、認識しなくはいけない重要なメッセージなのです。

私は、これまで何度も、一人一人が魂のゼロポイントから誕生した存在だと語ってきました。

ゼロポイントは、無限大の振動数の存在であり、そこから振動数が下がると、まず、透明体のエネルギーに変化し、下がるごとに半固体、半物質となり、最終的には完全に物質化します。振動数を下げたエネルギーは、2分の1、4分の1、8分の1と、どんどん分裂し、100、1000、1万、1億と、無数の個体となりますが、一つ一つの個体、分離したエネルギーたちは、気づきや学びといったアクションを入れない限り、大元である無限大の振動数の存在に戻ることはできません。

そして、分裂した個々のエネルギーもまた、あらゆるレベルに分かれています。エネルギーレベルが超高いもの、高いもの、それほど高くないもの、さらに、普通ぐらい、少し低いもの、もっと低いものと、無数の段階があり、それぞれの層が1万、1億、1兆……と、数えきれないほど無限に分離しています。

これが「多次元パラレル宇宙」であり、その次元すべてに「自分」は存在しており、すべての次元の中で同時に生きているのです。

ですから、今、ここにいる「私」は中華料理のランチを食べていますが、この瞬間、別次元の地球ではフレンチを食べている「私」がいます。さらに、違う次元では仕事中の「私」がいるし、赤ちゃんや老人かもしれないし、動物、植物、石になっている「私」もいるかもしれません。今、人生がうまくいっていない人も、すぐ隣の次元には、完全にうまくいっている「私」がいて、地球次元の中に無数の「私」が存在しているのです。

つまり、地球次元にまで落ちた、無数の分離した「個」のすべて、その集合体が「自分」であり、いま体験している「私」は、その中の一ピース、砂粒の一つに過ぎないということです。

これが、今回、大宇宙大和神《オオトノチオオカミ》が伝える、「自分という一個体は存在しない」という強力な教えです。

「私」を選んだのは「マスターセルフ」

「自分」の集合体＝〝自分宇宙〟には、「自分」の物語しかなく、それ以外の他者は、違う宇宙の中で生きる、まったく別の存在です。私は、これをよくシャボン玉に例えるのですが、それぞれの魂が個々のシャボン玉＝宇宙を持っており、他者と関わるのは、そのシャボン玉が交わるため。一生、関わることのない他者は、シャボン玉同士が離れていて、交わりが一切ないということになります。

ですから、よく言う「ワンネス」という概念はあり得ません。人間も含め、動物も生物も鉱物もすべて、それぞれが、自分だけのシャボン玉宇宙を持つ別々のエネルギー体であり、発祥が違いますから、そこを飛び越えて、皆が一つになることは不可能なのです。

そして、無限にある多次元宇宙の中で、よりによって、この地球の、この「私」という砂粒を体験することを選んだのは、ほかでもない自分の魂。しかし、それを決めたのは「私」ではありません。

では、〝誰〟が選んだのでしょう？

答えは「マスターセルフ」です。

マスターセルフとは、魂の大元であるゼロポイントの直下にある、高次元の意識で、マスターセルフと、分裂した個々の魂の関係を例えるなら、親と子のようなものでしょうか。無数にある、地球次元の「個（＝子）」のエネルギーの中で、どれに、どのような「私」を体験させるのか決めているのは、親であるマスターセルフなのです。

マスターセルフは、一つ一つの魂すべてを、自分のところへ戻したいと思っています。自分から分離した魂は、旅立った子供のようなもの。元々は自分の一部ですから、親心として、我が子の帰還を望んでおり、それが本質的な宇宙の意識です。ですから、マスターセルフの本意をわかっていれば、そこに戻るのは、本来、とてもたやすいのです。

例えば、マスターセルフが、あなたに望んでいる一番の体験が、大金持ちになることなら、お金持ちになる体験を選べばいいし、明日から食べるものもないくらい貧しい人生を送るのが、もっとも必要な体験なら、超貧乏な人生を選択しなおせばいいだけのことです。そうすれば、魂はすぐに修正され、大元へ還ることができるのです。

しかし、それを阻んでいるのが「脳」です。子＝分離した魂たちは、親＝マスターセルフの元へ戻るという使命を忘れ、脳で生きてしまっているため、自分が戻りたいと望んでいることすら、わからなくなっています。

魂の最終目的地がわからなければ、当てもなくさまよってしまうのは当然で、そこから逃れようとして違う人間、違う次元に変わりたいと、いくらもがいても、脳に支配されている限り、絶対に変わることはできません。

マスターセルフが、あなたに、「貧乏な体験をしなさい」と、貧乏から学ぶ指令を出している限り、「お金持ちになりたい」と一生懸命努力して、我慢をし、頑張って変わろうとしても、うまくいかないのです。

それぐらいマスターセルフの意志は絶対です。

その存在を認識することが、今、味わっている苦しみから抜け出し、もがきから卒業するための、第一歩だと覚えておいてください。

学び、気づかないと指令は切り替わらない

自著『異次元 奇跡の法則―宇宙レベルの奇跡を叶える方法―』(ナチュラルスピリット)でも記したのですが、自分の人生を変えるには、マスターセルフに働きかけて、違う道を選ばせてもらうという方法があります。

それを理解してもらうために、これまで述べてきた大宇宙大和神のメッセージを、もう一度、おさらいしましょう。

1、「自分」という存在は、一個体ではなく、多次元の魂を含めたすべての魂の集合体である。

2、「自分」は、地球次元に絞った時点で分離しているが、地球次元においても、

あらゆる「私」がいて、それらがこの瞬間も同時に存在している。

この2点が、大前提となります。

これを頭に入れ、異なる「私」の数だけスイッチがあるとイメージしてください。

今、あなたが体験している「私」は、マスターセルフが、ピッとスイッチを押した映像の一シーンに過ぎません。そして、そのスイッチを選んだのは、「私」が、そこで最大限に学ぶことをマスターセルフが望んだからです。

ですから、望む体験を果たさない限り、スイッチは切り替わりませんが、望む体験を果たせば、すぐにスイッチは押し変えられ、新たな道を進むことができます。

皆さんの「私」は、自分の人生を自分で選んでいるつもりですが、実はマスターセルフの指令で動いているだけなのです。

その仕組みに対して、激しく抵抗しているのが脳です。脳は、「こんな自分に生まれたくなかった」「こんな世の中で生きていたくない」と、常に文句を言っており、中には苦しみのあまり、自殺してしまう人もいます。

それほど脳が弱いのは、個の意識と宇宙意識の矛盾に気づかず、葛藤してしまうからです。どんなに不甲斐《ふがい》ない自分でも、それを選んだのは自分自身の大元＝マスターセルフなのですが、「私」の脳はそれをわかっていません。そのため、今の自分を受け入れることできず、それこそ「頭」がおかしくなってしまうのです。

しかし、マスターセルフにとって、脳はどうでもいい存在です。脳というのは身体に備わった器官で、記憶をつかさどり、生活しやすくするために持った、人間の武器の一つに過ぎませんから、魂にとっては必要ないものなのです。

むしろないほうが、進化のためには都合がいいのですが、脳があるため、人間が自殺するほど苦しむことも、マスターセルフは了解ずみです。

残酷と思うでしょうが、そもそも魂にとって、死ぬことは悪いことではありません。大事なのは、死によって何を学び、何を得るのかということ。それによって死の意味は大きく変わってくるのです。

自分の人生ですから、生きるも死ぬも、本人の自由です。しかし、大元であるマスターセルフが望んでいることを、何一つ体験せず、何も気づかず学ばず死んでしまった場合は、振り出しに戻ってやり直しです。

次も、同じレベルの「私」として生まれ変わり、同じレベルで、同じようにもがくことになるでしょう。これは、もっとも厳しい苦行です。

逆に、必要な学びや気づきを得た上で死ぬのであれば、自然死であっても、自殺であっても、次は違う自分に切り替わることができます。自分という存在は一個体ではなく、無数の魂の集合したエネルギー体ですから、他の魂への乗り換えはいくらでも可能なのです。

乗り換えた先には、トップアスリートや一流アーティストの「私」や、誰からも愛される幸せな「私」がいるかもしれません。多くの人が「財力も才能も能力もない自分が、なりたいものになるなんて無理だ」と諦めていますが、マスターセルフが操作をすれば、魂はどんな次元の「私」にも、一瞬で乗り換えることができるのです。

もっと言えば、地球次元を超えた乗り換えも可能ですし、生きたまま乗り換えることもできます。そのためには、マスターセルフが「この自分（人生）は、もう卒業していい」と、指令を出すかどうかにかかっています。

しかし、繰り返しになりますが、マスターセルフは、自分自身の大元ですから、その指令は、あなたが選び、望んでいることなのです。

この感覚を、地球人が理解するのは非常に難しい。高次元の意識の話なので、脳では捉えられないことですが、この構造がわかっていれば、例えば、死ぬほど努力しているのに報われないとか、望んでいる人生を送れないとか、すべての理不尽の理由がわかってくるのではないでしょうか。

そう言うと、「じゃあ、望みを持っても無駄なの?」と思うかもしれませんが、そんなことはありません。決定権を持つのがマスターセルフならば、マスターセルフに「自分が望む自分」を選ばせればいいのです。

そこさえクリアできれば、誰が邪魔をしても、どんな宇宙が妨害しても、あなたは、あなたが望むに自分になれます。

それが、この章の冒頭で述べている、「マスターセルフに働きかけて、違う道を選ばせてもらう」という方法。前置きが長くなりましたが、そのテクニックを、お伝えしていきましょう。

「愛と感謝」の波動を出す無私の境地

マスターセルフに働きかける方法の1つ目は、「愛と感謝」です。

「愛と感謝」は、もっとも次元の高い宇宙のハイパーバイブレーションで、その状態を自分に浴びせよ、ということです。

マスターセルフと人間の身体は、松果体で共鳴しており、マスターセルフは地球人を松果体の光で識別しています。

その光を強くするのは「愛と感謝」の波動で、脳とハートが「愛と感謝」以外の感情——悲しみや憎しみ、怒り、不安、不満を持っていると、松果体は抑圧され、光が鈍ってしまいます。

逆に、強く光り輝いていれば、その魂は「愛と感謝」に満たされた魂ということですから、マスターセルフは自動的にそれを察知し、「こういう人間は次元を上げてやろう」「この人間が望むほうへいかせてやろう」と、スイッチを押し直してくれます。すると、その人間の人生は、一気に好転していくわけです。

不安と恐怖の中で生きている人、世の中や他人への怒りで頭がいっぱいの人にとって、「愛と感謝」の気持ちなど高尚すぎて、ついていけないと感じるでしょうが、実は、とてもシンプルです。他の大宇宙大和神の自著でも、記してきましたが、赤塚不二夫先生の漫画『天才バカボン』のパパの口癖、「これでいいのだ」の精神、つまり、あらゆるものを、無条件で受け入れ、手放す感覚を持つだけでいいのです。

八方塞がりで一歩も動けない状態でも「これでいいのだ」、今、殺されて死ぬかもしれない状態でも「これでいいのだ」と受け入れ、手放した瞬間、その人は「愛と感謝」に満たされるのです。

実際に、それで成功したのは、『奇跡のリンゴ』（幻冬舎）のタイトルで書籍化され、有名になった、青森県のリンゴ農園家・木村秋則さんでしょう。

木村さんは、奥様が農薬アレルギーで苦しむ姿を見て、絶対に不可能と言われていた無農薬栽培リンゴを作ろうと決心し、周りの反対を押し切って、研究を始めます。

しかし、リンゴの木は年々弱り、収入が尽きてしまい、自分の生命保険で家族を助けるしかないと思いつめ、木に縄をかけて首を吊《つ》ろうとします。

ところが、その枝がポッキリと折れて、木村さんは下に落ち、倒れたところには理想の土があった……という、まさに奇跡のような展開になるのですが、これこそがマスターセルフが違うスイッチを押した瞬間だったと私は思っています。

どういうことかというと、おそらく木村さんは、最後にすべてを受け入れ、「これでいいのだ」と、無私の境地になり、やりたいことをやり切ったこと、やり切らせてくれた人生への、愛と感謝があったのではないでしょうか。

ご本人から直接お話を聞いたわけではないので、あくまで推測の域を出ませんが、木村さんの実話を聞いた時、私は、そこに宇宙の意志、マスターセルフの存在を感じました。

私が常々、「本当に自分がやりたいことをやりなさい」と言い続けているのはそういうことで、やり切った人間は絶望しません。たとえ死を選んだとしても、「自分の人生はこれで良かった」と、そこには必ず愛と感謝があり、その瞬間を宇宙は絶対に見逃さないのです。

「これでいいのだ」の精神を持ってください。奇跡の扉を開ける唯一の鍵は、無私と無償の境地です。

「喜びと感動」、そして「ビジョン」を持つ

皆さんは、やりたいことをやっている時、「喜びと感動」を感じているでしょうか。

気づいていない人も多いですが、長い間、同調圧力の中で生きていると、頭と心が〝バグって〟しまい、周りから言われたことを、「自分のやりたいこと」だと、勘違いした状態になってしまいます。

その判断基準になるのが、「喜びと感動」で、自分の意志ではなく、周りに流され、何となくやらされている人は、操り人形と同じですから、どれだけやっても心

は動きません。やればやるほど、心は死んでいくでしょう。

しかし、心の底から湧き上がる本当の感情、本当の意志でやっていれば、喜びに満たされ感動が生まれます。

その瞬間を、マスターセルフは見ています。

さらに、「自分のためであり周囲のためにもなる」という、ビジョンがあるかどうかも非常に重要で、このビジョンを持っている人は、ごくわずかしかいません。「自分が成功したら、もう、それでいい」とエゴで終わっている人が多いのです。

自分が成功した時やうまくいった時、それが自分以外の誰か、もしくは社会に貢献できるというビジョンを持っていない人は、足腰が弱く、やりたいことをやれたとしても、一度の失敗ですぐ挫折してしまいます。

もちろん、大事なのは、誰に反対されようがやりたいことをやり、自分自身が喜びと感動を感じることですが、それが1本目の柱だとすると、「周囲や社会のため」という利他のビジョンは、2本目の柱。両方を同時に持つことで、俄然《がぜん》、強度が増すわけです。

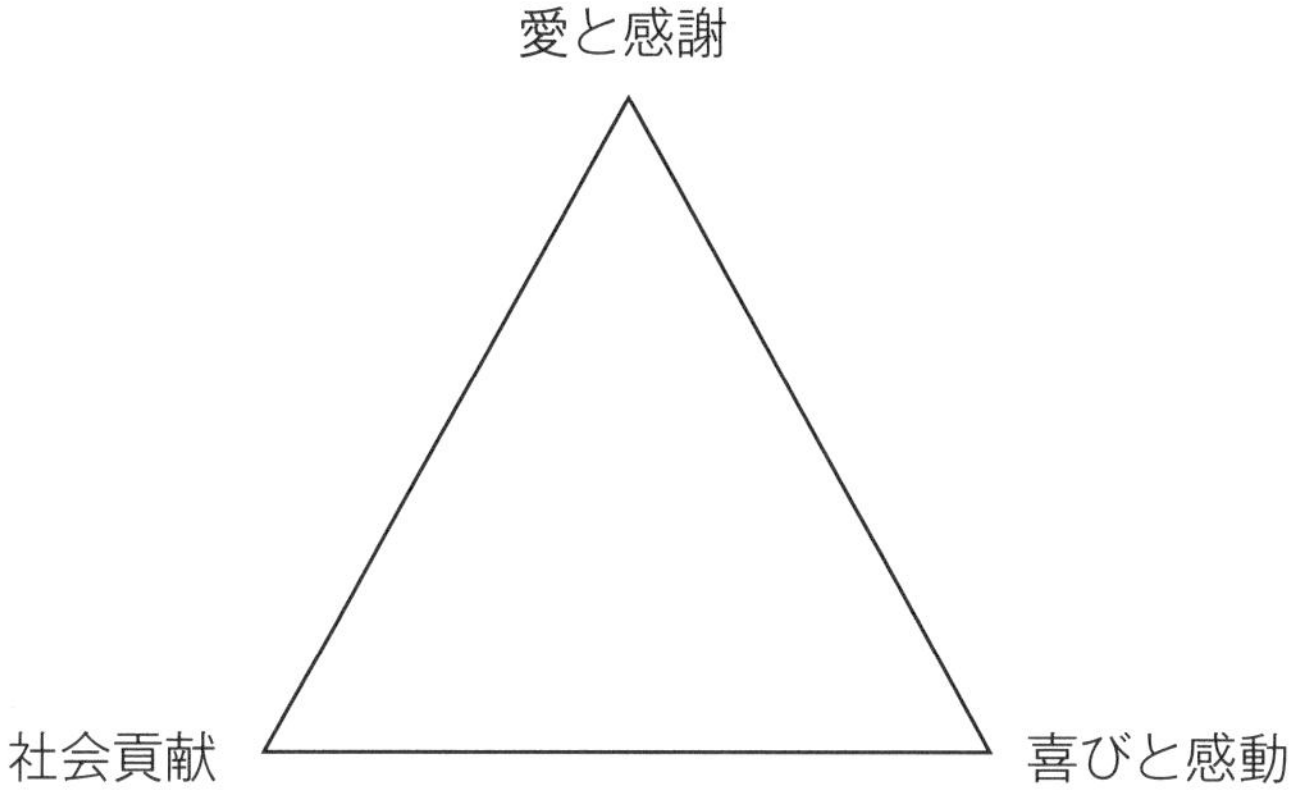

魂の黄金トライアングル

『奇跡のリンゴ』の木村さんもそうですし、アップル創業者のスティーブ・ジョブズなど何かを成し遂げた人たちが、失敗を繰り返しながらも、諦めずに成功できたのは、このビジョンがあったからです。彼らは並大抵のことでは諦めない、強靭《きょうじん》な自《じ》力《りき》を持っていたのです。

その結果、成功すれば、そこでまた「愛と感謝」が湧き、さらなる「喜びと感動」が生まれ、社会を良くしていきたいという意識＝ビジョンが、より大きく広がっていく……。これが、松果体の光を輝かせ、マスターセルフにスイッチを押し直してもらう、魂の黄金トライアングルです。

このトライアングルが循環していれば、周りから非難されて炎上しても、お金がなくなって食べていけなくなっても、必ず復活します。仮に死んだとしても、昇華して、次元の高い魂へと上がっていけるでしょう。

第2章

「痛み」が教える最高の学び

病気は地球人しか味わえない濃厚な体験

地球人と他の宇宙人の違いは、エネルギーの密度で、地球は、密度が非常に高く、エネルギーが重い存在です。

また、脳が発達しすぎているのも、地球人と他の宇宙人との大きな違いでしょう。脳は、ある次元の進化を超えると、どんどん退化していきます。よく頭の大きな宇宙人の絵を描きますが、本当にあんな姿をしているとしたら、かなり次元の低い宇宙人でしょう。

次元が高い宇宙人は、脳が退化しているので頭が小さくなっています。松果体だけは発達しているので、額の部分が少し出っ張って光を発していますが、それ以外の部分は半物質で半透明な状態。ボディも見ることができますが、うっすら透き通っており、〝何となくそこにある感じ〟になっています。

地球人は、身体という物質化した重いエネルギーに縛られているため、さまざまな病気のリスクも抱えていますが、魂意識だけのエネルギー体である彼らに、病気は存在しません。エネルギーの好不調はありますが、ちょっと重いとか、ちょっとイライラするとか、少し火照るとか、それぐらいの感覚があるぐらいで、病気による「死」というものはないのです。

病気になる身体を持っていること。それもまた、地球人に課された〝もがき〟の設定です。身体の病気というのは、すべて細胞の変異による〝異常〟ですが、それは細胞を持っているからこそ発生するもの。病気が引き起こすさまざまな症状は、地球人しか味わえない非常にレアで濃厚な体験なのです。

そもそも、出産時、陣痛に苦しむのも地球人だけで、宇宙人はエネルギー出産ですから、陣痛などないですし、出産で死ぬこともありません。

地球人だけが、痛みによって生み出され、子供から大人まで、何らかの疾患に悩まされ、最後は、病気もしくは事故や自殺によって命を奪われていく。

これは、宇宙的にはかなり特殊な現象ですが、地球人にとって「死」は身体の死を意味し、そこですべてが終わると思っています。

しかし、身体の死と魂の死はまったく違うものです。身体は着ぐるみに過ぎず、それが駄目になれば、別のものに着替えるだけのことなのに、地球人は、着ぐるみ＝自分自身だと思い込んでいるのです。

この観念を、きっちり解除し、認識を変えていかないと、それこそ死ぬまで病気を怖れ、病気によって苦しみ続けることになるでしょう。身体の「死」に固執する限り、人類は永久に、苦痛から脱出できません。

今までの医学では、病気はおもに外的要因によって引き起こされると考えられてきました。具体的に言うと、ウィルスや微生物、寄生虫、もしくは、食べ物や空気に含まれた化学物質などの環境要因、さらに、交通事故などの外的圧力によって、「身体の変動」が起こるとされてきたのです。

それ以外だと、遺伝的な疾患がありますが、これも、何らかの要因によって生まれつき持たされた〝不慮の外的圧力〟とされています。

では、誰がその遺伝を持たせたのでしょう？

選んだのは自分の魂です。遺伝というのは、受精卵の段階で決まりますが、「こういう遺伝を持った受精卵にしよう」と魂が自己意識で選び、その受精卵の松果体に入っていくのです。

「そんなものを選んだ覚えはない」と思うでしょうが、選んだのは、あなたの大元であるマスターセルフです。個々の魂は、どの受精卵を選ぶのか、どこに入ればいいのか、自分では直前までわからないので、マスターセルフが「その受精卵を持つ、人間に入りなさい」と誘導するのです。

オギャーと生まれた瞬間、我々はきれいさっぱり忘れてしまいますが、その時点で、育つ環境や、何歳何ヶ月の時、どんな経験をするのか、その中で、どういった痛みの体験を持つのか、映画のシナリオのように決まっています。

例えば、不摂生な生活をして、ジャンクなものを食べ続けて病気になるとか、自転車で転んで足を骨折するとか、一つ一つの些細《ささい》な出来事も、実は、全部、最初に設定したシナリオ＝高次元ＤＮＡに書かれているのです。

「なんてひどいことを書いてくれたんだ」と脳が思ったとしても、シナリオを改編することはできません。マスターセルフが、あなたに必要であり、最適なものとして選んだものですから、痛み一つとっても、抜かすことはできないし、それを体験して学ばない限り、同じ苦しみが繰り返しやってくるでしょう。

非常に過酷ですが、それを引き起こす「身体」と「人生」を地球人に持たせたのは、マスターセルフです。魂一つ一つに、それぞれマスターセルフがいると言いましたが、宇宙には、そういったマスターセルフだけの集合意識が存在しています。

地球人に集合意識があるように、マスターセルフにも一つの融合体になった集合意識があり、彼らが、地球での学びの一つとして、「身体を持たせ、問題を作ることにしよう」と決定したのです。

「痛み」を受け入れ「痛み」に感謝する

身体の病気の中で、もっとも苦痛なのは、痛みと痺《しび》れ、めまいでしょう。

中でも、〝スーサイドペイン（自殺痛）〟と言われている三叉《さんさ》神経痛は、顔面に激痛が走り、痛みに耐えられず、自ら命を断つ人がいるほどです。

ほかにも、ニューロフィブロマトーシス（神経線維腫症）や、マルチプルスクレロ―シス（多発性硬化症）など、強い痛みを伴う病気があり、特にマルチプルスクレロ―シスは、全身の神経が変性し、痛み止めも効かず、寝ても起きても、命を奪うほどの苦痛を引き起こします。

しかし、これらの痛みも、大宇宙大和神《オオトノチオオカミ》は、「マスターセルフが、地球人のために創った感覚」と言っています。

何のためにそんな感覚を創ったのかというと、「痛み」を通して意識の持ち方を学ぶため。「痛み」は、どんなに屈強な身体を持つ人も、どんなに頑固で意固地な人でも、意識を変えざるを得ない、もっとも強力な学びのツールなのです。

実は、私も、三叉神経痛の痛みを味わったことがあるのですが、本当に、どうしようもないほどつらいものです。動いても、寝ていても、氷を当てても、痛みがガーン、ガーン、ガーンと繰り返しやってくるので、これが永久に続くかと思うと、死にたくなるのはわかります。

そんな痛みに襲われている時、普通の人間なら、何かを考える余裕などとても持てないでしょう。しかし、どんなに激しい痛みも、ずっと同じレベルではありません。魂の振動エネルギーや脳波、身体の周波数まで、すべてに「リズム」があるように、痛みにも必ず「リズム」があります。ピークになると、ちょっと引いて、またピークがきて引いていく……と、リズムになっているので、痛みが引いて和らいだ瞬間が学びのタイミングです。

なぜ自分は、今、痛みを味わっているのか、この痛みによって何を感じているのか、そもそも痛みの意味は何なのか、身体を通して学ぶのです。

そのためには、痛みから逃れてはいけません。「痛みを持っていい」と、まず受け入れることが大事なのです。痛みのピークが続いた後、ほんの少しでも痛みが緩んだ瞬間は、まさに天国ですから、痛くても、それを受け入れる余地が必ず出てくるはずです。

受け入れることができたら、次に、「この痛みは自分の大元が、自分のために選んだのだ」と思ってみてください。そして、「必要なものだから、この痛みは持っていていいのだ」と思考して、改めて受け入れるのです。

それを繰り返し、痛みと共存できるようになったら、最後の仕上げです。

「痛みを通して、私に学ぶ機会を与えてくれてありがとう」と、自分自身に、感謝を伝えるのです。これがもっとも重要な学びです。

「自分が大嫌い」な方が多いので、皆さん、なかなかそれができないのですが、自分への感謝は、自分のマスターセルフに向かって、「ありがとう」と言うことと同じです。どんなに嫌な自分、変な自分であっても、痛みという最高の学びの機会を持たせてくれた自分のマスターセルフに、心から「ありがとう」と言う。それが「愛と感謝」です。

「愛と感謝」は、宇宙の大元と共鳴しますから、その瞬間、マスターセルフには、あなたが痛みから学んだことが伝わり、痛みを超える、次のステップへと進ませてくれるでしょう。

痛みがどのような形で引き起こされるのかは、人によってさまざまです。しかし、その人間にとって、ベストな体験であることは間違いありません。痛くても、逃げずに向き合ってみてください。かなりハードモードな学びですが、それが、痛みから学ぶ一番の近道なのです。

「痛み」の大元にアクセスする診療

私ドクタードルフィンのところには、さまざまな症状を抱えた患者さんが、たくさん訪れます。身体の不調はもちろん、「怒りを抑えられない」「悲しみが癒えない」などの心の問題、さらに、「生きがいが見つからない」「生きる意味がわからない」といった魂レベルの問題まで、私に救いを求めてくる人たちの悩みや問題は多岐にわたり、ありとあらゆる種類の症状を診療してきました。

その中で、私は、「痛み」に関してあえて何かすることはありません。他の医者たちは、痛みを治そうと、手術をしたり、電気を当てたり、注射をしたり、痛み止めを与えたりしますが、私は、痛みにフォーカスするのではなく、痛みの元にアクセスします。

まず、目の前の患者さんの高次元ポイントにフォーカスします。私のエネルギーは、88次元の超高次元の宇宙と繋《つな》がっていますが、ここから患者さんの高次元エネルギーに降りてくると、患者さんのエネルギーと共鳴します。そこで、私と患者さんのエネルギーが交わると、患者さんのポータルが開かれ、その人は自分の、マスターセルフと繋がることができるのです。

つまり、私の役割は、患者さんをマスターセルフに繋げるサポートをすること。同じことをすべての患者さんにやっており、相手が誰であろうと、どんな症状を持っていようと違いはありません。

しかも、私自身は、相手の症状を知らないほうが、むしろやりやすい。腰が痛いとか、痺れがあるとか、心の悩みがあるとか、事前に知ってしまうと、雑念が入りフィルターがかかってしまうので、まったく白紙の状態、その人が、なぜここに来たのかも知らずにやったほうが、マスターセルフのエネルギーを繋げ、降ろしやすくなります。

ですから、治しているのは、私ではなく、患者さん自身。ほとんどの人は、大元のエネルギーと繋がった時点で、学び、気づきが起こりますから、自分が知らないうちに、痛みがなくなり、良くなってしまうのです。

ただ、ごく稀《まれ》に、マスターセルフが「まだ学びを終えていない」と判断し、痛みが消えない人もいます。「もっと苦しむ必要がある」という指令によって、さらに痛みが増してしまうこともあります。

それでも、私が、そこで勝手に操作してはいけないのです。本人に学びがないまま、その場で痛みだけを取っても、すぐにぶり返して、結局は、延々と痛みが続くことになってしまうからです。

そういう人にとって、「ドクタードルフィンは、まったく効かない医者」になるかもしれません。しかし、私のところへ来る患者さんの多くは、私の本を読んだ上でいらっしゃっており、私が、世の中の医者にはわからないこと、3次元の世界では想像もつかないことをやっていると知っているので、納得してくださいます。

それに、ほとんどの場合、診療を受けると、「自分に何が起こったの？」と、信じられないような変化が起こるので、「とりあえず痛みは取れたけど、わけがわからない」と思う方も多いようです。

例えば、ステージ4の末期癌《がん》で、全身に転移し、余命2〜3ヶ月と医者から告知された方が、私の診療後、病院に行って調べたら、癌がなくなっているという、〝奇跡〟が起こることもときどきあります。

こういったことを書くと、途端に〝まやかし本〟と思われるのですが、実際に、腫瘍マーカーが正常値になり、病院の先生がびっくりして「あなた、何をやったんですか？」と聞かれた患者さんはたくさんいらっしゃいます。私のことを言うわけにはいかないので黙っているようですが、医者は、「前の検査写真が間違っていたのかな？」としきりに首をひねっていたりします。

しかし、私にとって、これらは奇跡ではありません。その患者さんを、大元のエネルギーに繋げるサポートをしただけで、私が治したわけではないのです。

ジーザス・クライストが、手を触れただけで病気の人を治したという話は有名ですが、私は、ジーザス・クライストのパラレル過去生を持っており、エネルギーがジーザスそのものですから、それと同じことをやっています。

私の場合、そこからさらにバージョンアップして、70歳の人を一瞬で60歳に若返らせるとか、病気の治癒以外の能力も持っていますが、ジーザス・クライストの力を受け継いでいるわけです。

ただ、ジーザスもそうでしたが、その能力を受ける側が私を信用していないと、〝奇跡〟を起こすことはできません。なぜかというと、高次元のエネルギーと繋がり、そこで気づきや学びを体験するためには、まず宇宙に委ねることが、絶対条件だからです。

身体の問題だけではなく、心の病気や人生についての悩みも、すべてそうですが、良い変化というものは、「自分がこの状態を選んだ」と全面的に受け入れ、愛と感謝の状態になり、宇宙のエネルギーが松果体に入って、初めて起こるものです。

それなのに、「いや、こんなことは認めない」「こんな診療は信じない」と脳が抵抗してしまったら、それがブロックとなり、エネルギーは繋がらず、進化はストップしてしまいます。つまり、自分で自分の邪魔をしているのですが、そこに気づかない人は、いつまでも、「何も変わらない」「奇跡なんて起こらない」ということになってしまうのです。

第3章

地球が追い求めてきた「不死」

誰もが毎晩、生と死を繰り返している

病気の恐怖、将来の不安、日々の苦しみ……。それら、すべての根源にあるのは、死への恐怖です。人間は、生まれた瞬間から、死を恐れながら、生き続けていると言っても過言ではありません。

そんな、地球人にとって、最大テーマである「死」について、大宇宙大和神《オオトノチオオカミ》から重要なメッセージが私に降りています。

多くの地球人は、自分はいつまで生きられるのかと、生きながら「死ぬ」心配をしています、中には、健康で若くても、死ぬことを考えると気が狂いそうになるほど怯《おび》えている人もいますし、年を重ねたら重ねたで、「動けなくなったら、誰かに介護してもらわないといけない」「一人でトイレも行けなくなったらどうしよう」と、常に、死に直結した不安と恐怖を持ち続けています。

そのように、「死」が強力なブレーキとなり、人類の進化を遅らせているわけです。

しかし、先ほども言った通り、高次元の宇宙生命体に、「死」の感覚はありません。「死の恐怖」は、地球人だけが持つ感覚で、それを味わうことこそが、地球人の醍醐味《だいごみ》であり、最大級の学びだと、大宇宙大和神は言っています。

死の恐怖は、３次元の世界で生きる地球人限定のスペシャルオプションのようなもの。高次元になればなるほど、その感覚は、味わいたくても味わえなくなっていくのです。

高次元の宇宙になると、〝生きるか死ぬか〟ではなく、〝今ここ〟という感覚だけになります。今、この瞬間を生きながら、次の瞬間、死を選ぶこともできるし、次の瞬間には、生き返ることもできます。〝今ここ〟というのは、そういう高度な感覚なのです。

地球人は、その感覚をなくしていますが、大宇宙大和神は、それを取り入れなさいと言っています。

あなたの人生は、過去、現在、未来と、繋がっていると思っていますが、本当は、この瞬間しかありません。持ち時間は、せいぜい前後１秒で、毎瞬間、その一秒一秒を体験しているのです。

ですから、大宇宙大和神は、「自分は、今この瞬間生きている、そして、1秒後も生きていた。ああ、良かった、乾杯」と、讃《たた》えなさいと言っているのです。毎秒毎秒を実感しながら生きていたら、人生の中で、何回「乾杯」できるでしょう？それが、本当の意味で「生きる」ということなのです。

そもそも、突然死ぬことも、死にそうになって生き延びることも、すべてマスターセルフが設定していますから、コントロールはできません。具合が悪くなった時、医者にかかろうが、かかるまいが、本人の自由ではあるけれど、どちらにしても、自分が体験できるのは、せいぜい今晩、生きているかどうかで、明日の命は誰にもわからないのです。

人間は、眠りにつくと、脳の干渉を受けないので、高次元に行くポータルが開き、パラレル変換して、異次元の世界と交流しています。過去の記憶など、脳からの情報も少しは入ってきますが、主なエネルギーは身体と地球から飛び出し、振動数の違う別の次元に行き、それが「夢」になって出てくるのです。

つまり、寝ている時、一回死んでおり、朝になると、また生き返って目覚め、地球に再登場しているということ。人間は、毎晩、魂が異次元に飛び、今生に戻って再生する「生と死」を繰り返しているのです。

大宇宙大和神は、「日々、死んでいるのだから、死を恐れる必要はない」と、メッセージを送っています。それよりも、毎朝、生き返った自分を祝福し、喜びなさいと言っているのです。

どのみち、あなたのマスターセルフが死を設定していなければ、明日も明後日も明々後日も、死ぬことはありません。いつやってくるかわからない、身体の「死」を怖がり、怯えて生きることに何の意味もないのです。

ちなみに、毎晩、どんな夢を見させるのか、つまり、どの異次元世界へ行くかも、マスターセルフが決めており、その魂が、もっとも学ぶ必要のある世界へと導いてくれます。ですから、飛び起きるほどの怖い夢も、うなされるほどの悪夢も、意味のあるものなのです。

「寝ている間は脳が活動し、記憶の整理をしている」という脳科学的な側面もありますが、夢は、３次元に縛られた人間が「死」よって解放される世界。ポータルを開いて、異次元へと飛び出す、魂の旅なのです。

永遠の命を持つギリシャの医神・アスクレピオス

ここからは、古代から地球人が追い求め、今なお探求し続けている「不老不死」について解説していきます。

このテーマは、私ドクタードルフィンが、令和５（２０２３）年に行ったエネルギー開きリトリートツアー（４月のギリシャ、７月の北海道）にも深く関わってくるので、順番にお話ししていきましょう。

私は、ギリシャの旅でエゴと破壊をつかさどるアトランティスの大元エネルギーを穏やかにし、愛と調和のレムリアエネルギーと融合させました。人類史上、これは初めてのことです。

その結果、４月27日、世界の新秩序が誕生しました。また、この時、ギリシャの神々とエジプトの神々のエネルギーも、すべて書き換え、次元上昇させてきました。

私は、ギリシャ神話の神々の中で、全知全能の神ゼウス、太陽神アポロン、海神ポセイドン、そして美神アフロディーテのパラレル過去生も持っていますが、実はもう一神、「アスクレピオス」という医神を持っています。

アスクレピオスは、祖父がゼウス、父親はゼウスの息子アポロンで、偉大な医者の神〝医神〟と言われているのですが、エネルギーが高く優秀だったため、死者を蘇《よみがえ》らせることができるようになってしまいます。しかし、実際に蘇らせてしまうと、神々の世界の秩序を乱すということで、アスクレピオスはゼウスに殺されてしまいました。

それを嘆いたのは、息子を殺された父親のアポロンです。アポロンの嘆きがあまりにも激しいので、ゼウスは反省し、アスクレピオスを蘇らせ、不老不死の神にしてしまったのです。そのため、アスクレピオスは、ギリシャ神話の神の中で、唯一、永遠の命を持った存在になりました。

その後、アスクレピオスの噂《うわさ》を聞いた人々が、彼の元を訪れ、実際に何人もの死者を蘇らせました。しかも、アスクレピオスは、永遠の命を授かっていますから、場所も時代も次元も超えて、あらゆるところに現れることができたのです。

その一つが、日本の縄文時代で、縄文人については、あとで詳しく解説しますが、アスクレピオスが、ブラック・ホワイトホールから日本に現れ、縄文人の長《おさ》たちに、死者の蘇り方を教えたのです。

その他にも、古代エジプトのファラオや秦《しん》の始皇帝など、アスクレピオスの力を求めた人たちはいましたが、最終的には、アスクレピオスに不老不死の力を授けたゼウス自身が、アスクレピオスの力を、それ以上、広めないようにしました。

ゼウスは非常に嫉妬深く、残酷な面があったので、不老不死の技術を自分以外の人たちに教えたくなかったのです。同時に、永遠の命を与えられ、苦しんでいるアスクレピオスを見て、「不老不死はいいものではない」と考え直したようです。

しかし、そんなゼウスも、今回、私が書き換えたので、今は穏やかなナイスゴッドになっていますし、アスクレピオスも、不老不死の存在ではなく、限りある命を持つ自然な形に戻ることができました。彼は、ようやく、理想的に死ぬことができる存在になったのです。

アスクレピオスの象徴というのは、蛇が巻きついた杖《つえ》で、このマークはＷＨＯ（世界保健機関）でも採用され、現代医学のシンボルにもなっています。

このように、現代医学が求めてきたのは、死者の蘇りと不老不死。病気や死を克服することを本流とし、その流れは今も変わっていませんが、自然に反していることをいくら追求しても、うまくいくはずがありません。実際、今の医学は人間を幸せにしていませんが、私が、アスクレピオスのエネルギーを書き換えたことで、今後はその在り方が大きく変わってくるでしょう。

大宇宙大和神も、命があるからこそ、人類はまともに生きられるのだと言っています。永遠の命を与えられたら、最初は喜ぶかもしれませんが、そのうち生きることに飽きて苦しくなり、最後は、気が狂ってしまうでしょう。

特に、物質的な欲を求める人間にとって、永遠の命は、苦しみの元になるだけなのです。

魂の意志を無視した〝医学的蘇生《そせい》〟

死者の蘇りに関しても、今の医学でやっている〝蘇生〟は、あまりよろしくありません。医者は、患者の魂の大元が、まだ地球に留《とど》まり生き続けたいのか、地球を卒業して宇宙に上がりたいのかわからないまま、心肺蘇生して、生き返らせようとします。それは、魂の意志を無視した、非常に乱暴なやり方です。

多くの人が、「医学は進歩した」と喜んでいますが、魂的には退化しているのです。

そういう意味では、江戸時代までの日本の「医学」は、現代よりも進んでいました。食べられなくなったら、「しょうがないね」と無理に食べさせないし、動けないなら、そのままそっとしておきます。自然にまかせ、病人を皆で見守っていたのです。

このスタンスが、今の日本人には、決定的に欠けています。仮に、魂が生きたがっているとしても、医学的蘇生で無理やり生かされることを魂は望んでいないかもしれません。生も死も、魂の大元が決めることであり、その魂が、まだ生きると決めているなら、放っておいても、自分の力で生き続けます。

また、良い人ほど早くに亡くなり、周りから惜しまれたりしますが、魂レベルが高い人ほど、早く幕引きをするのはよくあることです。なぜかというと、この現状、この社会では、それ以上に次元上昇が望めないからです。これ以上留まっていても、その魂にとっては意味がないという場合、マスターセルフから、「ここでの役割は終えた、違う次元に行きなさい」と指令が出るのです。

ですから、どんな「死」も、他者の介入はないほうがいい。周りは、安らかに逝かせてあげるべきなのです。

しかし、大宇宙大和神は、ある条件を満たせば、アスクレピオスのような存在が、死者を蘇らせてもいいと言っています。

その条件は、まず、蘇らせる側が愛と感謝を十分持っているか。もう一つは、蘇らせてもらう側が、もう一度命を与えられ地球に戻った時、社会や周囲の次元上昇に貢献できるかどうか。この2点が、大宇宙大和神が、「蘇らせても良い」とする条件です。

この条件を満たさない者を蘇らせても、地球にとってマイナスになるだけですし、特に、今の地球の状況では、死者を蘇らせることが可能になると、エゴが強い人間がさらに力を持つことになってしまうでしょう。

大宇宙大和神も、「死者の蘇りは、可能だけれども今ではない」と言っているのですが、これまで唯一、日本で「蘇りの条件」を満たしていた時代がありました。

それが、これからお話する縄文時代です。

愛と感謝で死者復活を可能にした縄文人

私は、令和5（2023）年の7月、北海道でのリトリートツアーで、縄文のエネルギーを開きました。

ツアーでは、まず函館の五芒星《ごぼうせい》である五稜郭《ごりょうかく》の封印を解いて、土方歳三率いる旧幕府の「個の独立と融合」を再誕させるエネルギーを開いたのですが、その時、とても不思議なことがありました。亡くなった安倍晋三さんの霊体が五稜郭の石段に座っていたのです。

しかも、私がエネルギーを開いたのは夕方の５時半ごろなのですが、その時刻はまさに、１年前、安倍さんが亡くなったとされている時間です。石段に座っていた安倍さんの姿は、私だけでなくツアー参加者の方たちにも見えていて、皆さん、大変驚いていました。安倍さんの魂は、その夜のパーティーにもいらしていたので、席を用意して、お酒を差し上げました。その時の、心地よさそうな表情がとても印象に残っています。

おそらくですが、安倍さんの魂が現れたのは、私が開いた五稜郭の五芒星のエネルギーと繋がったからだと思います。

自著『〝五芒星〟封印解除と〝魔除け〟再起動』（青林堂）でも記したように、私は、令和４（２０２２）年の４月に、伊吹山や伊勢神宮内宮など、近畿の聖地を結ぶ五芒星のエネルギーを開きましたが、五芒星の中心にあるのは、古《いにしえ》の都である平城京跡です。そして、安倍さんは、私がエネルギーを開いた３ヶ月後、かつて平城京があった地で撃たれ、亡くなりました。

ですから、私は、安倍さんの死は、無念ではなく、五芒星のエネルギーを感じ、ご自身で次元を上げたのだと思っています。そして、その1年後、私が函館の五芒星のエネルギーを開いたことで、安倍さんの魂は、再び、そのエネルギーと繋がり、我々の前に現れたのではないでしょうか。

安倍さんが亡くなった時刻と、私が函館の五芒星のエネルギーを開いた時刻が一致したのは、たまたまで、もちろん狙ったわけではありません。ですが、私がエネルギー開きを行うと、そういった不思議な現象がよく起こるのです。


北海道ツアーのもう一つの目的地は、五稜郭と同じ函館にある、垣ノ島《かきのしま》遺跡です。縄文時代の遺跡がある有名な場所ですが、私は、着いた瞬間、ここで、死者復活の儀式が行われていたと、すぐにわかりました。

そんなことを主張する歴史学者は誰もいないし、どこにも書かれていないので、私自身驚いたのですが、私には、死者の蘇りを行ったアスクレピオスのエネルギーが乗っていますから、すぐに気づいたのです。

先ほど、アスクレピオスが、縄文時代の日本にも現れたと言いましたが、私が読んだところ、ストーンサークルの真ん中にある穴がブラックホワイトホールになっており、そこからアスクレピオスが降りてきたようです。

そして、縄文人に、死者復活の技術を伝え、実際に死者は蘇りました。それは、遺体を放置しても腐らず、そのまま身体ごと再生して蘇るという、ものすごく高度な技術で、一人の人間が平均して2回は蘇り、寿命が５００歳ぐらいあったようです。

さらに、縄文人のすごいところは、やみくもに蘇らせるのではなく、意義のある死者復活を行ったことです。ゼウスは、死者の蘇りや不老不死は苦しみを生むとして、その技術が広まるのを止めましたが、縄文人は、高次元の宇宙と繋がっていたので、誰を生かせばコミュニティ全体が良くなっていくかわかっており、その人物のみを蘇らせていました。つまり、エゴではなく愛と感謝を持って、死者復活を行い、だからこそ、宇宙エネルギーのサポートを得て、身体再生を可能にすることができたのです。

そのため、縄文人には、「人は死なない、死んでも生き返る」という概念が、すでにありました。この時代が約1万年も続いたのも、そういった神がかり的なことができたからでしょう。

しかし、それに脅威を感じたのが渡来人である、弥生人です。彼らは、自分たちより、はるかに次元の高い縄文人を怖れ、抹殺し、蘇りの技術も情報も完全に封印しました。そのせいで、死者復活の歴史は途切れ、禁句となり、死者が蘇るという事実は、一切、後世に伝わることもなく、ここで完全に終わってしまったのです。

けれども、私ドクタードルフィンが、垣ノ島遺跡で縄文人を高次元リーディングで癒したことで、封印されていたエネルギーはようやく解放されました。その瞬間、そこに生えていた白い花が、風もないのにくるくると回り出し、縄文人の魂が喜んでいると、私にはすぐわかりました。

縄文エネルギーと五芒星のエネルギーを開いたことで、世の中の次元は変わっていくはずです。今後は、愛と感謝のＮＥＯ縄文エネルギーが世に出てくるでしょう。

第4章

宇宙のシグナルを受け取る方法

脳が宇宙の指令を邪魔している

本書では、「マスターセルフがすべてを決めている」と、繰り返し述べてきました。まだ、消化しきれていない人も多いと思いますが、この章では、そこをさらに掘り下げ、マスターセルフの指令が、地球人にどのように降りてくるのか、我々は、どうすればそれを正確に受け取ることができるのか、詳しくお話ししていきます。

これは、大宇宙大和神《オオトノチオオカミ》から私に降りてきた、超高次元のメッセージで、かなりディープで強烈な内容です。けれど、3次元の世界で生きる皆さんが、今、知らなくてはいけないメッセージですから、心して読み進めてください。

人間は、誰しも常に、イエスかノーか、取るか引くか、進むか止まるか、瞬間瞬間に意志決定をしています。3次元で身体を持っている地球人は、その判断を脳が決めているのです。

しかし、あなたが脳で思考し、決断する前に、答えはすでに決まっています。

人間は、身体の周りにオーラをまとっています。身体にもっとも近いのがエーテル体で、そこから、アストラル体、メンタル体、コーザル体……と、外側にいくほど、エネルギーが高くなっていきますが、すべては身体を飛び越えた霊体の自分＝オーラ体です。

オーラ体は、１層、２層、３層、さらに１００層、１０００層、１万層、１億層、１兆層、１京層と、振動数をあげながら、風船のように果てしなく広がっていき、無限大の層に到達した時、宇宙と一体化します。

選択というのは、脳が決める前にオーラ体の意識によって決定しており、一番、最初の意志決定は、オーラ体の大元である、宇宙が発信します。我々は、そのシグナルを受け取っているだけなのです。

ただ、シグナルを発信する超高次元の層は、あくまで「見守る」というスタンスなので、こうしろ、ああしろといった、具体的な指示は出しません。何となくの方向性を示すものを出すだけです。それを、次の層がちょっと具体化して降ろしていき、それを受け取った次の層が、さらに具体化して降ろし……と、リレーのように引き継いでいき、最後の最後、３次元である身体の周りの層に伝わってくるのです。

しかし、この段階でも、「AとBとCの道だったら、Aを選びなさい」といった直接的な指示ではなく、「Aがいいんじゃない？」と匂わせるぐらいです。これが、いわゆる直感で、松果体がそれを受け取った瞬間、宇宙のシグナルは初めて顕在化し、「Aにしよう」と我々は意志決定するのです。

それを知らず、多くの人は、「あの時、あんな決断をしなければ」と後悔をし、罪悪感を覚えています。また、「ここで決断しないといけないのに、決められない」と、今この瞬間も、迷って苦しんでいる人がいますが、後悔も罪悪感も葛藤も、まったく必要ありません。どんな選択も、地球人のあなたが決めているわけではないからです。

これを、知っているか知らないかで、今後、自分の人生をコントロールできるかどうか、大きく差が出てきます。

脳で考え、脳で決めようとすればするほど、幾つもの層を経て降りてくる、宇宙からの素直な流れを断ち切ってしまいます。脳はエゴが強いため、常に、理屈や利益、過去の失敗をあれこれ引き出して、宇宙の指令とは違うことを選ばせようとするのです。

例えば、目の前にAとBの２つの選択肢があるとしましょう。Aは、とりあえず利益は多少上がりそうですが、特に面白味を感じません。一方、Bは、失敗する確率が高いし、利益もすぐには見込めないけれど、何となくワクワクします。そういった場合、正しい選択は、Bです。

Bを選べば、失敗を繰り返しても、大成功すると宇宙が保証しており、「ワクワクする」のは、その合図です。それを無視して、目先の利益しか考えない脳に従ってAを選ぶと、成功しない上に宇宙との繋がりも切れてしまいます。

今の日本政府が、まさにその状態と言えるでしょう。宇宙と繋がっていない政治家たちが、何が日本の利益になるか、どうしたら国民に理解を得られるかといったことを脳でごちゃごちゃ考えても、エゴで凝り固まった政策しか出てきません。脳の意識と宇宙の意識は、次元も視点もまったく別です。むしろ真逆になることがほとんどですから、宇宙的な利益と合致することは、ほぼ、ないのです。

脳が騒ぎ、混乱すると、すでに決まっている「答え」から目を逸らし、勝手に操作し始めます。そうやって宇宙を疎外し、シグナルを無視し続けていると、目の前の問題がうまくいかないだけでなく、人生の歯車はどんどん狂っていくでしょう。

そうならないようにするには、脳が忙しい状態の時に、脳で選択しないようにすることです。夫婦喧嘩《げんか》をしているとか、金策に追われているとか、争っていたり、切羽詰まっている状態の時に何か判断しても、絶対に、正しい選択はできないと思ってください。

逆に、リラックスして穏やかな状態、例えば、森林や海辺など、自然の中に一人で身を置き、ゆったりと呼吸をして脳を静めれば、宇宙と繋がり、答えをキャッチしやすくなります。

そして、よりクリアに答えを受け取るためには、委ねることが大事。迷った時、判断しないといけない時、答えは、もうあなたの上にあります。あとは、それを自分に引き降ろすだけでいいと、身を任せてください。

その時、「何となく心地よい」という感覚があれば、それが、宇宙から降りてきたシグナルの最終形です。あなたの成長と進化をサポートする、マスターセルフの指令だと思っていいでしょう。

成功したいなら3回は失敗せよ

こういう話をすると、「何となく心地よい」という感覚そのものがよくわからないという方がいらっしゃいます。

そういう人たちに、大宇宙大和神はズバリ答えています。

理由のわからない感覚を実感できないのは、今まで生まれ育ってきた環境によって、頭で理解できないものは存在しない、正しくないと、刷り込まれてきたからです。

刷り込みを解除し、感覚を取り戻したいなら、まず、1ステップ目として、一日の中で5分でも10分でもいいので、頭を空っぽにする時間を作ってください。日々の支払いとか、親の介護とか、子供の心配とか、すべてを全部手放して、「すべてどうなってもいい」と一旦手放すのです。そして、「手放しても大丈夫、宇宙に守られているから」と委ねる気持ちになってください。

毎日、ほんの一瞬でも、その体験を積み重ねる癖をつけていくと、少しずつ、固定観念で固まった脳に隙間ができてきます。その隙間に、宇宙と繋がる回路が通り、「何となく心地よい」感覚がわかってくるはずです。

そして、2ステップ目は、迷ったら、あえて何も選択しないことです。A、B、Cの選択肢があっても、どれも選ばず、観察するのです。

3つのうち、どれか取らなくてはいけないと考えるから、皆さん、苦労するのです。自らアクションを起こさなくても、自分のオーラ体が、全部必要なことは運んできてくれますから、ただ、待っていればいいと何も考えず、何も喋《しゃべ》らず、行動も起こさず、それこそ「これでいいのだ」と放置してください。

「何かしなくては」「決断しなければ」と脳を使うから、宇宙の流れから外れて、どんどんピントがズレていくのです。本当に迷った時、困った時、ピンチの時こそ、何もしない。そうやって一切のアクションを止めた瞬間、流れが正常になり、宇宙との繋がりが、より強力になるのです。

どうしても、「何もしない」状態になれないなら、今、自分の頭の中では何が起こっているのか探ってみましょう。

何か決めなくてはいけない時、まず頭にパッと浮かぶのは、お金、時間、能力、コンプレックス、家族、体裁、そして、自分以外の誰かのため、という７つの要素ではないでしょうか。

これらはすべて、不安を無駄に煽《あお》り、「何かせねば」と無意味な行動を駆り立てる要素です。地球人、特に日本人は、常にお金の心配をし、時間に追われ、自分の能力のなさを嘆いています。さらに、家族に縛られ、こんなことやったら恥ずかしい、身分不相応だ、と体裁を気にして、自分のやりたいことではなく、他人に承認されることをやろうとしています。

大宇宙大和神は、これらの６つ要素を、全部外しなさいと言っています。

一度に外すのが難しければ、まず、お金を外してみてください。必要なお金は、必要な時、必要な分だけきちんと回ってくる、心配しなくていい、と、無理やりでもいいので、自分に言い聞かせ思い込むのです。

そして、お金の不安がクリアできたら、次は時間、次は能力、次はコンプレックス……という風に一個ずつ、「これは大丈夫」「問題ない」と外していく。そうやって、すべてを手放した状態になると、心も身体も軽くなっていることに驚くはずです。

その時、あなたは、何を感じ、どう在りたいと願っているのか、自分と向き合ってみましょう。そこで目の前に道が開けたら、それこそが宇宙のGOサイン。そのまま何も考えず、前に進んで行ってください。

ただ、ここで一つ問題なのは、せっかく道が開けたのに、失敗を怖れてしまうことです。失敗は間違いであり、失敗しないことが「うまくいく」ことだと、大多数の人が勘違いしています。だから、失敗しないよう慎重になり、無難な道しか選ばなくなってしまう。結果、やりたいことに何一つ手を出さないまま終わっている人も、多いのではないでしょうか。

しかし、大宇宙大和神は、「失敗をしなさい」と伝えています。

「失敗」というシナリオは、オーラ体にあらかじめ含まれており、失敗のプロセスを越さないと成功にたどり着かないようプログラムされています。ですから、何かことを成し遂げたいなら、少なくとも、「3回は失敗する設定をせよ」と言っています。

最初から想定しておけば、失敗が怖くなくなりますし、そもそも1回目でうまくいくことは、たいした成功を生み出しません。3回ぐらい失敗して成功したほうが、より良いものが生まれるとわかっていれば、失敗しても落胆せず、むしろ、「大きな成功に近づいた」と励みになるでしょう。

大宇宙大和神が皆さんに伝えたいのは、「失敗を受け入れろ、失敗を愛せよ」ということです。失敗をしても、まだまだやりたいという気持ちがある限り、宇宙の流れから外れることはありません。流れに乗っていれば、必ず最後は成功するので大丈夫です。安心して「失敗」をしてください。

第5章

偽りのリアルを生き続ける地球人

あなたが体験している「自分」は実在していません

私と同一体である大宇宙大和神《オオトノチオオカミ》のメッセージを理解するには、3次元の地球と高次元の宇宙の違いを、改めて、しっかり知っておく必要があります。そこがわかっていないと、3次元の意識に飲まれ、一生を終えてしまうからです。

その違いは何かというと、まず時間の感覚が違います。3次元に生きる地球人は、重力のある身体を持っているため、過去、現在、未来という一方向にしか進むことができず、常に時間に縛られています。

また、瞬間的に、空間から空間へ移動することができません。どこかに行く時は、何らかの移動手段を使って、身体ごと赴かないと辿《たど》り着けないという、空間的な縛りも体験しています。

しかし、高次元の宇宙は違います。宇宙では、あらゆる次元がパラレルで同時に存在しており、区切られた時間も空間もないので、そこに縛られるという体験はありえないのです。

人間は、今、トイレに行くのか、今、朝食を食べるのか、今、顔を洗いに行くのか、今、歯を磨くのか、今、家を出て働きに行くのか……と　常に選択をしながら生きており、何かを選択している間は、別の選択を体験することはできません。

一方、高次元の宇宙人は、それらの選択が同時にすべて見えています。トイレに行く自分も、朝食を食べる自分も、歯を磨く自分も、全シーンの自分を同時に見ることができ、しかも、自在に選ぶことができます。

「今は、この自分を体験したい」と思ったら、パッとそれを選び、嫌になったら、すぐ手放して、また違うパラレルを選ぶことができる。ゲームのように、次々と違う自分、違う体験、違うシーンを選んで、何度でも好きなだけ遊び直すことができるのです。

地球人にはこれができません。物質化した３次元では、生まれた時に選んだものは〝取り替え不可〟ですから、固定されたまま70～80年ぐらいは生きていくことになります。それは、宇宙から見ると、大変な試練です。

しかも、高次元の宇宙人にとって、70年、80年、90年ぐらいは一瞬ですが、地球人にとって、その時間は永遠に続くかと思うほど果てしなく長い。そこから、ずっと逃れられないとなれば、苦しみ、もがいてしまうのは当然でしょう。

それを踏まえた上で、大宇宙大和神が、皆さんにもっとも伝えたいのは、あなたが体験している自分は〝リアル〟ではないことということです。

我々が物質として捉えているものは、そこに存在しているように見えているだけで、実際は存在していません。

は？　どういうこと？？　と、思うでしょうが、この感覚がわからないと、宇宙の本質を掴《つか》むことはできないので、順を追って説明していきましょう。

我々は同じ「幻想世界」を選び続けている

超高次元になると、すべてのものは物質ではなく透明か半透明です。ですから、すぐに消すことができますが、地球のように、一度、物質化してしまったものは、なかなか消すことができません。

しかし、物質化したものも、元々は目に見えないエネルギー体で、例えば、今あなたが手に取っているこの本も、透明のエネルギー体だったものが半透明になり、だんだんと物質化して固形になったものです。

地球上にあるものはすべて、宇宙的な視野から見たら、元は透明なエネルギー体の存在であり、その〝意識あるエネルギー〟があるだけで、それ以外は何もありません。今、体験している自分も、家族も、会社も、お金も、環境も、そして、成功や失敗という概念も、一切合切、実在していないのです。

「自分は今、確かにこの本を手に取っているし、自分の仕事だって、家族だって実在している、全部がないなんてあり得ない」と、皆さんは当たり前のように思い込んでいるでしょう。

しかし、あなたが見ているもの、体感しているものは、すべて意識が創り出した一瞬の儚《はかな》い幻です。私たちは、実際には何も体験していないし、何も所有していません。体験している、所有している幻想が、70年、80年、90年という長いスパンでずっと続いているため、リアルだと思い込んでいるだけです。

しかも、一瞬一瞬で違うパラレルを選択できる宇宙人と違い、地球人は、同じパラレル、同じ幻想世界を何度も選びます。それは、一つの幻想に囚われ、実在だと錯覚し体験する学びなのですが、所詮は幻ですから、実は、いかようにも変えることができるのです。

こんなに苦労して生きているのに、本当は何も体験していなくて、体験しているようなシーンを延々と見せられているだけ、というのはかなりショッキングですが、実在していないならば、いつでもそこから抜け出せるし、書き換えることも可能だということです。そう考えれば、もっと自由に、楽に生きていけるのではないでしょうか。

喜怒哀楽の感情もすべてが幻

「実在しない」という大宇宙大和神のメッセージは、55次元の感覚から3次元の地球にぐっと落として話していることなので、私以外の誰にも言えないことですし、あまりにぶっ飛んでいるので、なかなか理解が追いついてこないと思います。

一つ、わかりやすい例を挙げると、認知症の方が、いろいろなことを忘れ、自分や周りのことを認知できなくなるのは、「実在」という錯覚から逃れるための、究極の自己防衛本能です。「忘れる」という選択をしたことで、偽のリアルから解放され、楽に生きられるようになるわけです。

私たちも、その気になれば、認知症にならなくても、そういう生き方ができます。「これはすべて実在しない」と受け入れられれば、周りで起こっていることに、まったく影響されることなく、自分は自分のままでいられるということです。

そもそも、何か起こるたびに一喜一憂するのも、自分以外の対象が実在していると思うから、引き起こされるものです。誰もが、ありもしない対象によって振り回され、苦しんでいるのです。

それは、宇宙的に見るとまったくのナンセンス。何度も述べている通り、すべてが幻想であり、この世界はいわば「劇場」です。私たちは、そこで繰り広げられているいる劇を観ているだけで、最後に主人公が死んでしまう芝居を観たからといって、自分まで死んでしまう人はいません。

高次元の宇宙人は、劇場だとわかった上で、一シーン一シーンを体験し、それをゲームのように楽しみ、遊んでいます。

一方、地球人は、リアルだと思い込んでいるので、遊ぶ感覚も楽しむ余裕もありません。苦しみながら、偽りの現実を体験している、まさにマトリックスの世界。しかも、次元によって、劇場のリアル度数には段階があり、次元が低いほどリアル度数は上がっていきます。中でも〝地球劇場〟は、飛び抜けてリアル度数が高いため、我々は幻想だと感知できないのです。

しかし、幻想によって生み出されるもの、特に〝喜怒哀楽〟の感情を体験することは、地球人ならではの楽しみです。3次元を生きる醍醐味でもあるのですが、そこにエネルギーを使い過ぎてしまう人は、感情も自分が生み出している幻想だと気づくことで、もっと楽しく生きられるのではないでしょうか。

例えば、悲しい感情を体験した時、リアルだと思うから、悲しい状態が固定され、そこに縛られてしまいます。しかし、実際は幻想で、生み出しているのが自分自身ならば、つらい幻想をいつまでも選び続ける必要はありません。〝悲しむ幻想〟をやめて、好きな体験を自由に選べばいいのです。

もっと言うと、例えば、目の前のテーブルにお茶が置いてあるとして、そのお茶が、お茶のまま、ずっと変わらずにそこに居続けるという状態は、宇宙ではありえません。次元が上がりエネルギー密度が低くなると、物質はどんどん透明化していきますから、むしろ同じ状態を保つのは難しい。固定された状態ではいられないのです。

一方、地球のように変わらない状態というのは、エネルギーが非常に粗く、密度が高く、固まってしまっている状態。そのため、本来、実在しない透明体のエネルギーが、お茶として、そこに在るように見えているわけです。それは、感情のエネルギーも同じで、悲しみも怒りも喜びも、すべて固定化された幻想であり、錯覚。リアルではないとわかっていれば、もっとフレキシブルに、持ちたい感情を持てるようになるはずです。

このように、幻想の扱い方がわかってくると、自分の意識との付き合い方が変わっていきます。そして、意識とうまく付き合えるようになると、人間関係や周りの環境、ひいては世の中を変えていけるようになります。

この真理は、古代からプラトンやソクラテスなどの哲学者たちがいろいろ悩んできたことへの答えの一部でもあります。彼らの多くは「世の中は無常」と説いていますが、実際に何もないのですから、無常なのは当たり前です。この世のすべては実在せず、変わらないもの、たしかなものなど、何一つ存在しないのですから。

第6章

自分を変える意識の持ち方

新しい流れに逆行する優劣の概念

私ドクタードルフィンが、令和５（２０２３）年の秋にギリシャで古代の神々のエネルギーを開き、ニューオーダーワールド（新秩序世界）が誕生しました。そのため、これまでの常識や固定観念が、どんどんひっくり返り、変わってきています。

中でも顕著なのは、身体や心の問題に対する考え方でしょう。今までは、病気や死は悪であり、「人生の壁」という認識でしたが、ニューオーダーワールドでは違います。悪いことはむしろ良いことで、うまくいかない人生は「面白い」と捉える流れに方向転換しています。

冒頭で述べた通り、地球は「もがく星」ですから、何でもかんでもうまくいってしまったら、自分のためになることを何も得られず、わざわざ、ここで生きている意味がありません。誰もが、地球人として生まれた時点で、うまくいかないところに、自分を成長させる過程が仕込まれているのです。

ということは、「うまくいかないことを楽しむ」という新秩序に変わった今、この星をより満喫できるチャンスが訪れたわけです。ならば、これまで負とされてきたもの、ネガティブだと避けてきたものを、率先して受け入れ愛せよと、大宇宙大和神《オオトノチオオカミ》は言っているのです。

身体も、ずっと健康で何の症状もなければ、気づきや学びはありません。第２章でも述べましたが、大病でなくても、頭痛や腹痛、歯痛で苦しんでいる時、痛みとどう付き合うのか嫌でも考えさせられます。そして、痛みが消えた時の解放感と幸福感は、身体を持つ地球人だけが得られる最高のご褒美。その瞬間、痛みのない自分への感謝が湧き上がってきた経験は、誰でもあるはずです。

そういった一連の過程のすべてが気づくためのきっかけであり、健康なままでは、絶対に体験できない学びなのです。

また、これまでは、五体満足で生まれてくることが幸福であり、そうではない場合は不幸だとされてきました。医学が、基本、全員が同じ身体の状態であること、つまり、全部が揃《そろ》っていることを良しとしてきたからです。

しかし、それも新秩序になると、変わってきます。皆と違う身体で生まれてくることは最高の宇宙的財産ですから、それを喜びましょうという捉え方になっていくのです。

そもそも、劣っている、優れているという概念は、新しい流れに逆行しています。この概念でいくと、五体満足で歩けるのは優れていて、下半身が使えず、歩けないことは劣っているということになります。しかし、歩けない人は、歩ける人よりも脳が発達しますから、決して劣ってはいません。人とは違う長所を持てるようになるだけなのです。

そうやって、一部だけを見るのではなく全体を捉えた時、プラス面もマイナス面も相殺され、総体的には、すべてがゼロになるという新秩序の考え方が、今後は主流になっていくでしょう。

DNAを乱す不安と恐怖と怒り

本書では、繰り返し「死」について解説し、生と死の観念は、地球人特有のものだとお話ししてきました。今回、ここまで「死」にフォーカスしているのは、まだ亡くなった人のことを悲しみ、後悔している人たちが多いからです。

そういった人々を癒してあげることはできないか。そう考えて、私ドクタードルフィンは、先日、世界進出の第一弾として、英国のロンドンにて、スピリチュアルリーダーたちに呼びかけ、対談しました。このように、死を嘆く人たちを癒すための活動を進めています。それによって、多くの人に、もっと「死」について知ってもらい、少しでも救いになればと思っています。

人類にとって「死」は、亡くなった人たちではなく、生きている人たちの苦しみであり試練です。

私がリーディングしたところ、亡くなった人たちの多くは、生きている人が思うほど、怒りや悲しみを持っていません。むしろ、身体から解放され、次元が上がることで心が穏やかになっています。

まれに、亡くなった後、魂が悪霊や悪魔になってしまう場合もありますが、それは生前、多くの人に恨まれたり、自分が誰かを激しく恨んでいた人たちで、普通の人生を送った人間であれば、そんなものにはなりません。愛と感謝を持って亡くなれば、かなり上の次元に上がることができますし、逆に、亡くなる寸前まで恨みや怒りを持っていると、低いところにしか行けないのです。

そういった、意識の持ち方は、生きている我々にとってものすごく大事で、例えば、病気や薬に対してもどういった意識を持つかで、身体への影響が違ってきます。

コロナワクチンにしても、「お前、ワクチンを打ったから、病気になるぞ」と周りから言われ、不安や恐怖、怒りを持ってしまうと、本当にワクチンは身体に悪さをします。よく、「太る太る」とビクビクしながら甘いものを食べると、何も考えずに食べた時より体重が増えるということがありますが、それも同じことで、甘いものそのものが悪いのではなく、「太る恐怖」に身体が反応しているのです。

ネガティブな感情の中でも、不安、恐怖、怒りは、ダイレクトに身体に影響を及ぼす三大要素で、ネガティブな想いが強くなりすぎると、ＤＮＡが乱れてしまいます。ですから、私は、３～４年ぐらい前から、ウィルスもワクチンも、それに対する不安や恐怖、怒りも、すべて幻想だと唱えてきました。そして、「何があっても、これでいい。ありがとう」という気持ちで過ごしていれば、最終的には穏やかな形態になっていくと言ってきました。つまり、予防も必要ですが、それ以上に、意識の持ち方を変えることが重要なのです。

繰り返しますが、身体は、元々「実在」しないもので、エネルギーが下がって物質化したものです。固定化したことで、脳で症状を感じる物質になってしまったのです。

これは、地球人だけの現象で、宇宙人には存在しない〝幻症〟ですが、宇宙人のような、「ぷあぷあ」した楽な人生では、何も学べません。

地球は、宇宙の中でも、強烈に学べる場所として有名で、しかも、一世代で学べるほど、生やさしいレベルではありません。一つの魂が、少なくとも十世代ぐらい生きないと、次元上昇できない究極のハードモードです。

それでも、宇宙人のチャレンジャーたちが、わざわざ地球にやってくるのは、もっとエネルギーを上げるためです。他の星では、1しか上がれないところを、地球では、うまくいけば100、200と、一足飛びでジャンプアップできますから、最高にチャレンジしがいのある星なのです。

しかし、うまくいかなければ、偽りのリアルの中でもがき続けることになる、まさに修行場ですから、キツいのは確かです。特に、地球人は、善悪や正邪の判断に、ものすごくエネルギーを消耗しており、それが、幻想を強固にし、自分たちを苦しめる元凶になっています。

そこを少しでも緩めて、エネルギーを上げていくコツは、「善でも悪でも、どっちでもいい」と、中立でいることです。そして、「すべて幻想なら、いっそ好きなことをやって生きよう」と開き直るのです。

たやすいことではありませんが、大宇宙大和神は、偽りのリアルを脱する時期が来たと言っています。そして、地球人が少しでも、楽になり、上がってくることを願っているのです。

とはいえ、すべてが幻だと突然言われても、この世界で生きていくしかない。それが、皆さんにとっての、紛れもない〝リアル〟でしょう。だからこそ、幻想と上手に付き合っていく術《すべ》が必要になってきます。

次の章では、そんな偽りのリアルに飲み込まれず、その中で、自分がどう考え、どんな在り方でいればいいのか、お伝えしていきましょう。

第7章

従属をやめて「個」の独立へ

日本はガキ大将に追随する「弱くてズル賢い子」

大宇宙大和神《オオトノチオオカミ》が、今、日本人に強く訴えているのは、個々においても、国家としても、皆さんが、「この国を好きかどうか」ということです。

これは、大宇宙大和神を通した、宇宙からの大事なメッセージであり、我々が、今取り戻さなくてはいけない視点だと言っています。そして、その視点によって、今の日本の状況を、見てみましょうと示唆しています。

日本は、第二次世界大戦に敗れ、アメリカの支配下になったことで、アメリカに、「守ってもらう」立場になりました。それは、違う側面で見ると、自分の国に誇りを持ち、愛するという状態から、遠く切り離されたということ。日本を成り立たせるため、愛だの誇りだのは捨てて、ただただ、「守ってもらう」という、従属的で受け身な姿勢が、日本全体のデフォルトになったのです。

宇宙的な視野で見ると、さまざま種類の人間がいる中で、もっとも自分を愛せないのは、受け身的な人間です。

その構図を、小学校のクラスメイトという観点で見てみましょう。クラスにはガキ大将や勉強ができる優等生、その反対に、劣等生やおとなしい子、弱い子、さらに「ずるい子」というのもいます。ずるい子は、ガキ大将の後ろに付いて自分を守らせている、いわゆる〝スネ夫〟タイプ。これが、もっとも自分を愛せない受け身的な人間です。

どういうことかというと、ガキ大将は、自分が大好きで、誰より自分に誇りを持っています。成績がいい子も、勉強ができる自分が好きですし、運動神経のいい子は、スポーツを通して自分を伸ばしている。友だちを大事にする子は、優しさを武器にして自分の居場所を作っているでしょう。

一方、何の取り柄もなく、自分の意見も言えない「おとなしくて弱い子」ですが、この子もまた誇りこそ持てないけれど、力の強弱やキャラクター性とは違う、別の面で自分の能力を出そうとしています。目立たないかもしれないけれど、自分の足で立ち、何らかの形でクラスに役立つことをしているので、一人でちゃんと生きていけるのです。

では、ガキ大将の後ろを付いて回っている「ずるい子」はどうでしょう？

このタイプは、自分が弱く、何の武器も持っていないことを知っていて、このままでは、クラスの中でいい思いができないけれど、自分なりの能力を見出す努力もしたくありません。だから、とりあえず、強いヤツの後ろに付いて、そのおこぼれをもらうことで、自分の居場所を確保しようとしているのです。

そのスタンスは、今の日本にピタリと当てはまります。日本は、第二次世界大戦で自分たちが負けた時、「弱いから仕方がない」と諦めてしまいました。クラスで勉強ができない子や取り柄のない子のように、戦力が弱いなら、それとは別の独自の能力——例えばソフトウェアの部分で、どの国よりも上を目指すとか、新たな道を進む選択をせず、強いものに従属する道を選んだのです。

受け身的なポジションのまま守られている限り、決して、リーダーにはなれません。守られていたら、守ってくれる国の指示に従うのは当然です。そこを差し置いて、自分が上に行くことはできません。そのため、日本はいつまでも、クラスのガキ大将にくっついている、〝弱くてズル賢いヤツ〟という立場から脱却できないのです。

力が弱くても、勉強ができなくても、ガキ大将にくっついていない人間のほうが、ずっと可能性があります。その人たちは、孤軍奮闘の状態なので、「絶対に見返してやろう」という何くそ精神を持っており、「何かやってやろう」と能動的に生きようとするからです。

しかし、日本は、まったく何もしようとしません。国際関係において害のない国として納まっていればいい、そうしたら守ってもらえるからと現状維持のまま、進化を止めてしまいました。

その状態を、大宇宙大和神は非常に悲しんでいます。そして、「いい加減、ガキ大将＝アメリカに守ってもらうのをやめなさい」と言っています。

アメリカの後ろにずっと隠れていれば、ガキ大将を怖れて、誰も襲ってこないでしょう。しかし、いつまで、そんな、ずるく情けない生き方をしているのですかと、大宇宙大和神は、日本に問うているわけです。

戦後に、現在の日本の方向性が決まってしまったのですが、今は、もう、アメリカの傘の下に入って守ってもらえればいいという状況ではありません。

今こそ、骨のある政治家に、アメリカから独立して、最初は叩《たた》かれても自分たちの良さを出していくべきだと訴えて欲しいのですが、そのような存在は一向に出てこない。そうやって独立を先延ばしにしている限り、日本も、世界も、決して良くなっていかないでしょう。

力で押す時代は終わっていく

ガキ大将のアメリカに従属し、個の独立がまったくない今の日本は、国際的な立場だけでなく、個人レベルでも、そういう生き方になっています。アソビノオオカミの本で書かせてもらったように、日本人は、呪われた民族になっているのです。

呪われているのは個人だけではありません。日本政府もそうです。日本をリードする政府が、「アメリカの傘下にいれば、うまくやれる」という幻想、呪縛に囚《とら》われているため、国民も、それを盲信し、呪われています。

この呪いを解かなくてはいけないと、大宇宙大和神は、アソビノオオカミと共鳴し、訴えているわけです。

実際、経済力は落ち、給料は伸びず、ますます円は弱くなっている現状が続き、日本は限界に来ています。

これまでは、エゴと破壊のアトランティスの時代でしたが、その大元となるギリシャの神々のエネルギーを、私ドクタードルフィンがギリシャで書き換えてきたので、世界中にその影響が出てきます。つまり、力で押す時代は終わるのです。

これからは、愛と調和の意識が強くなる時代になっていきます。そうなると、どう変わるのか？　軍事力や政治力、経済力の強さといったハードウェアではなく、意識次元を上げるソフトウェアが主流になっていくので、アメリカの傘下に入っていることが、意味を成さなくなります。むしろ、傘下に入るほど、国力も経済力もどんどん落ちていくでしょう。軍事力は、多少保てるかもしれませんが、軍事力で勝負する時代ではなくなっていくので、いくらそこを高めても国力を高めることはできません。

さらに、日本の一番情けないところは、「自分で自分の国を守る」という独立精神を持てないところです。独立した上で、戦う意志を持ち、そのために軍事力を上げるというならば、理に適っています。

しかし、今の日本は、アメリカに「軍事力を強くしろ」と発破をかけられ、言うことを聞くために、軍事費を上げているだけです。要は、ガキ大将に、「守ってやるから、あいつから、お金を奪ってこい」と命令されて、言いなりになって、奪いに行くのと同じ。これは、カッコ悪いですし、何より、日本のためになりません。

日本人の多くが、同調圧力に弱く自分の意志を持てないのは、そんな、自国の政治力やリーダーの姿を日々見せられているからです。国の集合意識は、個人の意識に影響しますから、ますます自己を持たない人間を生み出し、自己のない国になっています。

そこに、大宇宙大和神は、警鐘を鳴らしているのです。

子供の夢の第1位は「公務員」

20年ほど前の日本の経済界は、まだ元気でした。ＩＴ企業の上場ブームがあり、若い人たちが独立して会社を立ち上げ、新しい企業が続々と生まれた時代です。

その頃、男の子たちの「将来なりたいものランキング」の上位は、パイロットや医者、サッカー選手、企業の社長などが入っていました。その後、ＹｏｕＴｕｂｅｒが1位になる時期が続きましたが、ここ数年のランキング1位は「公務員」です。

これが、今の日本を物語っています。現在、多くの日本人の意識は、とりあえず雇い主から課された業務だけをこなしていけばいいという「永遠の従業員マインド」になっているのです。そこには、夢も希望もなければ、自分が社会や人類にどう貢献していけるかという視点もありません。

数十年前の日本は、子供なら、「すごい人になって、みんなのヒーローになりたい」とか、若者なら、「頑張って働いて出世したい」とか、単純ですが無邪気で、おおらかな夢や目標がありました。

しかし、今の若者に、「将来、どうなりたいですか？」と聞くと、「人並みでいい」、もしくは、「安定した生活を送りたい」、という答えが返ってきます。その結果、なりたいものの1位が「公務員」になるわけです。

一般企業は、基本、加点評価で、営業でも何かのプロジェクトでも、プラスの結果を出して初めて評価されます。一方、公務員は、減点評価です。余計なことや、抜きん出たことをやったらアウトで、決まったことだけを歯車のようにやっていれば、それ以上、上がることはないけれど評価はされます。

今の若者にとって心地よいのは、その減点評価のシステムで、出世を望むどころか、むしろ、人並みより上に行きたくないとして、人並みのまま、ずっと安全に守られる場所を求めています。

これでは、あまりにも弱すぎます。全員が公務員や従業員になったら、誰が、日本を引っ張っていくのでしょう？　男の子の夢の第1位が「公務員」になってしまう社会に発展はありません。衰退していくだけです。

もちろん、実際の公務員や従業員の方が悪いと言っているわけではありません。社会のために公務員は必要ですし、そこで一生懸命働いている方もたくさんいらっしゃいます。ですが、子供の多くが「なりたいものは公務員」と言ってしまうのは、子供が社会に夢を持てず、覇気のない大人のようになっているということです。

子供は、大人たちが作る社会の鏡ですから、アメリカ政府の言いなりになり、守られることを是としている、日本の従属のエネルギーが、本来、純粋で無限の可能性を持つ子供たちにも乗り移っているのです。

それでも、大宇宙大和神は、子供たちに、「目を覚ませ」とは言えないと言っています。なぜなら、子供たちのお手本は大人たちであり、その大人が変わらないのに、子供たちだけに、「変われ」とは言えないからです。

そこには、大きなジレンマがあるのですが、だからこそ、まずは大人たちが意識を変えなくてはいけない。今、軌道修正をしなければ、日本は、とんでもない国になってしまうと、危惧しているのです。

極端な感性を生む「家族の絆《きずな》」

日本に限らず、世界の国々、あらゆる地球上の民族が、未だ「個」の独立を果たせない大きな理由の一つは、「家族の絆」だと大宇宙大和神は言っています。人間は、家族の絆が強すぎるのです。

映画やドラマを観ていても、家族を殺された主人公が、命がけで仕返しをしていくという作品が非常に多い。たくさんの人がそれを観て、涙し、応援し、仕返しが成功すると、スカッとして感動しています。

しかし、殺されたのが他人ならば、主人公はまったくの知らん顔です。むしろ、家族のためなら他人をバンバン殺しても〝善〟で、それが美徳とされています。そういった地球人の特質が、高次元の宇宙人にとっては、とても不思議です。私も、昔から違和感がありました。

高次元の宇宙人には、自分のものと自分のものでないものを線引きする感覚がありません。次元が上がるほど家族の概念もなくなり、相手が誰であろうと、個々を尊重して適度な距離感を保っていますから、他者によって自分が揺れ動くことはないのです。

地球人は、家族との絆は超強力な接着剤でくっついているぐらい強い一方、家族以外の他人との絆はものすごく弱く、強弱の差が激しすぎて、非常に不安定です。家族のためとなると、途端に自分を見失い、平気で他者を殺してしまう極端な行動も不安定の表れでしょう。

しかし、これも地球人の学びです。本来、「家族」も「他人」も、実在しない幻想なのに、絆という接着剤で固定し、美徳という強烈な価値観でがんじがらめにすることで、家族との関係、家族以外の人との関係を学ばせられているのです。

身内同士で固まり、外敵から身を守るという「敵と味方」の概念は、原始時代から続く地球人特有のものです。その感覚は、家族というミクロから国というマクロまで、すべて繋がっており、自分の家族のためなら他人はどうなってもいいように、国単位でも自分の国だけは守るけど、他の国のことは無関心、という考えになるわけです。

そして、その感覚が「個」の独立を阻み、安定性を欠き、家族や団体、社会、国に頼るという構造を作り出しています。

そこから、学び、脱却するには、まず、幻想の大元になっている「家族とそれ以外」という頑強な枠組み、極端な感性を緩めなさいと、高次元の宇宙は伝えています。

感性が平らになれば自ずと安定し、一人一人が自分の足、自分の意志で立てるようになるはずです。そうなれば、「個」の意識が高まり、地球人全体の意識次元も上がっていくでしょう。

第8章

「表宇宙」と「裏宇宙」

封印が解けた第8チャクラ

令和5（2023）年、私ドクタードルフィンは、4月にギリシャ、7月に北海道、10月にイギリスと、国内外でエネルギー開きをし、次々と高次元のエネルギーを解放しました。

そのため地球は、今、新秩序へと変化する過渡期を迎えていますが、私自身にも大きな変化が2つあり、衝撃的な1年になりました。

一つ目の変化は、第8チャクラが開いたことです。

皆さんもご存知の通り、通常チャクラというと第1チャクラから第7チャクラを指しますが、さらにその上には、自分の身体や感情を超えて、宇宙と繋《つな》がる第8チャクラが存在します。

私は、88次元の存在で、全部のチャクラが開いていましたが、地球に入ってから、第8チャクラに自己封印をかけました。なぜかというと、エネルギーがあまりにも高く、そのまま地球に入ってしまうと、人間と人間の社会を壊してしまうからです。

第8チャクラは、地球を動かすエネルギーの霊体がいる層で、ここを封印してしまうと、その霊体たちとうまくコミュニケーションが取れません。そのため、これまで、私ドクタードルフィンが持つエネルギーの高さに比べ、私の地球への影響力が弱かったのです。

しかし、令和４（２０２２）年の４月26日、午前3時33分、ベッドの中で、私は完全に第8チャクラの自己封印を解きました。正確に言うと、私のマスターセルフが解くタイミングだと判断したのですが、１万年以上、封印されていたものが、ついに今生《こんじょう》で解かれたのです。

私の第8チャクラが開いたことで、全宇宙と地球が繋がり、今後はすごいことになっていきます。国内外の力のある人間たち、私のエネルギーを感じられる人間たちは、私と交流してくるはずなので、どんどん面白くなっていくでしょう。

自著『イルミナティとフリーメイソンとドクタードルフィン』（ヒカルランド）でも記しましたが、私は第8チャクラを封印していた状態でも、イルミナティとフリーメイソンのスーパートップたちの集合意識を、高次元ＤＮＡレベルで書き換えてきました。

普通、そんなことをすると、彼らの霊体たちが邪魔をしてきて、私はとっくに殺されてしまいます。けれども、彼らよりもはるかに次元の高い宇宙エネルギーが私をサポートしているので、彼らはまったく近づけないし、手を出すことができなかったのです。しかも、第8チャクラが開いたことで、さらに私の影響力は甚大《じんだい》になり、無双状態と言っていいでしょう。

私にとって、今までは準備体操。ついに本領を発揮し、本格的に役割を果たす時が訪れたので、これまで封印によって制限されていたことを思う存分やっていきます。そんな私ドクタードルフィンの教えは、本書も含め、今後は、ますます重要になっていくでしょう。

宇宙史上初、表宇宙と裏宇宙が融合

二つ目の変化は、本書を制作している途中の、令和5(2023)年8月8日、突然起こりました。

その日、私は、10月に計画していたイギリスのエネルギー開きのリトリートツアーの打ち合わせのため、旅行会社の人とランチミーティングをしていました。しかし、ミーティングを終えてレストランから出た時、いきなり頭の中心がガーンと痛くなり重くなったのです。

生まれてこのかた、頭痛などほとんど経験したことがなかったので、「何だ、これは？　不思議なことだ」と驚きました。その後、診療で患者さんを診ている間も、ものすごく頭がガンガンして止まりません。あまりにもひどいので、診療後の英会話のレッスンはキャンセルし、夜の7時にはベッドに入り、何が起こっているのかリーディングしました。

すると、大変なことが起こっていたのです。

頭痛が始まった12時間前、８日の午前０時に、私がこれまでエネルギーを開いてきた、エベレスト、富士山、ギザのクフ王のピラミッドの三つが、レイラインで連動し、スターゲートがついに起動しました。

その結果、無償の愛を掲げたハトホル星文明の高次元エネルギーが、一気に地球に入ってきたのですが、驚くのはそれだけではありません。ハトホルのエネルギーが地球に入った、ちょうど12時間後、宇宙史上初めて、「裏宇宙」のエネルギーが私ドクタードルフィンを狙って地球に入ってきたのです。

それは、宇宙の中でも最高次元のエネルギーですから、３次元で物質化した私のこの身体で受け止めるにはあまりにも強すぎて、激しい頭痛を引き起こしていたわけです。

読者の皆さんは、ここまで読んで、「裏宇宙って、何？」と、チンプンカンプンでしょう（笑）。先ほど言ったように、宇宙史上初のことですから、わからなくて当然です。そこを少しずつ紐解き、説明していくため、まず、「裏宇宙」の簡単な解説をしておきましょう。

宇宙が始まる前は、何もない無である「0」でした。そこから、ビッグバンによって「1」となったのですが、その時にプラスとマイナス、ポジティブとネガティブ、陽と陰といった、すべて二極化した正反対のものが、同時に生まれ、表裏それぞれの時空間に、右回りエネルギー（右螺旋《らせん》）を持つ表（本）宇宙と、左回りエネルギー（左螺旋《らせん》）を持つ裏（反転）宇宙が誕生したのです。

白と黒の陰陽のマークの陰陽太極図を思い浮かべてもらうとわかりやすいと思いますが、表宇宙と裏宇宙は、二つで一つの存在。両方が合わさることで、完成された一つの円になるのです。

今、我々がいる時空を含め、天の川銀河やアンドロメダ銀河、ハトホル星なども、表宇宙に存在しており、これまで語られてきたことは、すべて「表の世界」のことでした。左螺旋《らせん》の裏宇宙には、誰もコンタクトしたことがないし、あちら側からコンタクトされたこともなかったので、そのエネルギーについて語れる人間がいなかったのです。

しかし、私ドクタードルフィンに裏のエネルギーが入ってきたことで、ようやく裏宇宙について語られることになりました。大宇宙大和神について記している本書の制作中に、その機会が訪れたことは偶然ではありません。地球に必要なメッセージを届けるため、宇宙の意志が、ベストのタイミングで裏宇宙を語るための最高の機会を選んだのです。

反転エネルギーによって地球は「0」化へ

私がリーディングしたところ、地球に入ってきたのは、「ズルーカ」という星を治める44次元のエネルギーを持った「ミズル」という集合意識のエネルギーです。これは、裏宇宙の中でもっとも高次元の存在で、天の川銀河でいうところの、「リラ星」の「プリラ」のような存在と理解してください。

そんな高次元の裏エネルギーが、表宇宙に初めてコンタクトする相手として地球を選んだのは、地球の波動がもっとも宇宙に影響を及ぼすからです。地球は、次元的にはかなり低いですが、宇宙で一番注目されているインフルエンサーであります。

その地球の中でも、私ドクタードルフィンをピンポイントで狙ったのは、他の地球人だとおそらく死んでしまうからです。それくらい、44次元という最高級エネルギーの力は強く、しかも、「裏宇宙」の未知のエネルギーに対して耐性を持っている人間は、地球上に一人もいません。88次元の存在の私ですら、激しい頭痛に襲われたほどですから、どんなスピリチュアルリーダーたちも、受け止めるのは無理だったでしょう。

さらに、もう一つ、私をめがけてきた大きな理由があります。それは、大宇宙大和神と同一体の私を通して、今の地球のキーを握る、ある「三人」に、反転宇宙・ミズルのエネルギーを一気に供給するためです。

その「三人」とは誰か？

ドナルド・トランプ、習近平《しゅうきんぺい》、そして、岸田文雄（内閣総理大臣）です。この三人が、しかも岸田さんが選ばれたことに、私自身、びっくりしましたが（笑）、今の地球を変えるために必要であると、マスター・オブ・ユニバースが判断したのです。

その理由も、きちんとわかっているのですが、それをお話しするためには、先に、裏宇宙のエネルギーが入ってきたことで、どんな現象が起こり、地球がどう変わっていくのか、理解しておいてもらう必要があるでしょう。

表の宇宙に、反転のエネルギー、つまり裏の宇宙が入ってきた時、何が起こるのかというと、それぞれのエネルギーが相殺され、完全に浄化されるスーパー「0」化が進みます。表宇宙がプラス1億なら、裏宇宙はマイナス1億ですから、プラスマイナス「0」になる、ということです。

すべてが「0」に戻り、リセットされ、改めてスタート時点に立つ舞台として、裏宇宙の超高次元エネルギーは、表宇宙の数ある星の中から、地球を選んだのです。

裏のエネルギーの影響は「0」化だけでは終わりません。「ズルーカ」の強烈な反転エネルギーが入ってきたことで、あらゆることが、「0」化に至る過程として、どんどん裏返っていきます。

今まで善とされていたものが悪へ、悪とされていたものが善へと、オセロのように白黒がひっくり返っていき、表面上だけを取り繕《つくろ》って何とか隠してきたものは、すべて、白日の元にさらされます。国家レベルから個人レベルまで、嘘や偽《いつわ》りは暴かれ、仮面が剥《は》がされ、本性が晒《さら》されていくわけです。

これまでは、表宇宙だけでやってきたので、地球は、ずっと「1」で在り続けていました。そのため、現状を打破できず、極端な変化を起こすことができませんでしたが、「０」になることで、壊せなかったものが、バンと一気に崩れ、あらゆるものが変わっていきます。

変化に抵抗し、自分をごまかそうとしても、表宇宙と裏宇宙の融合を望んだのは、ほかでもない宇宙の意志ですから、「ミズル」が許しません。「いよいよ、すべてを丸裸にする時が来た」と宇宙は喜んでおり、地球は、その変革の肝、全宇宙を変える最初のきっかけになるのです。

勢力図が塗り替わり、日本が世界のリーダーに

地球に、裏宇宙の反転エネルギーが入り、「０」化するように、宇宙の神々もまた、表と裏が融合されようとしています。

表宇宙に大宇宙大和神がいますが、裏宇宙にも〝裏〟のアソビノオオカミがいて、どちらも55次元の存在です。そして、裏宇宙の星文明で一番次元が高い44次元の

「ズルーカ」以下、あらゆる星文明を見守っているのが、アソビノオオカミです。

これは、表宇宙で大宇宙大和神が44次元の集合意識「プリラ」などの星文明を見守っている構造と同じなのですが、今回、裏と表のエネルギーが初めて交わったことで、44次元の世界では「ミズル」と「プリラ」が、さらに、55次元では、大宇宙大和神とアソビノオオカミの融合が果たされる時が来たのです。

太陽系にしても、天の川銀河にしても、アンドロメダ銀河にしても、今までエネルギーが弱かったのは、表宇宙の中だけで存在し、完全な「0」になれなかったからです。本来、エネルギーは、二つで一つの完全体なのに、片方だけでいくら頑張っても、100%の力を出せるわけがありません。表と裏が融合するタイミングが来たことで、いよいよ、その力は完全になり、全部をひっくり返すエネルギーを得たのです。

地球も、これまではエネルギーが弱く、古い秩序を壊す手段が武力や暴力しかありませんでしたが、これからは、平和に壊す方向へシフトしていきます。

そのための変革者、地球を動かしていくキーパーソンとして、ドナルド・トランプ、習近平、岸田総理を宇宙が選んだのです。

２０２３年8月8日の午前0時、ハトホル星文明から受け継がれて来たレムリアの愛と調和のエネルギーが、この三人に入ったのですが、劇的な変化を起こすには、まだ弱かった。けれども、キーパーソンであるこの三人が、いつまでも同じ状態のままだと地球がダメになるということで、彼らのエネルギーを一気に「０」化するため、私を通して入って来た「ズルーカ」の強烈な反転エネルギーがさらに彼らに送られました。

私は、トランプと習近平は予測できたのですが、残りの一人はプーチン大統領だと思っていました。岸田総理は、今のところ大国の駒的存在で、地球を担うポジションになるとは思えなかったからです。しかし、リーディングしたところ、岸田総理は、世界の勢力図を塗り替え、地球の均衡を変えるための〝抜擢存在〟だったようです。

勢力図を塗り替える一番のキーマンはトランプです。彼は、ハトホルからシリウス、レムリア経由の愛と調和のエネルギーを持っており、それを地球に拡散させるためには不可欠な存在だからです。

プーチンが選ばれなかったのは、トランプと手を組むことで、彼らは同じエネルギーで共鳴できるからです。裏宇宙の反転エネルギーでトランプが変われば、自ずとそこに追随《ついずい》しますから、プーチンを変える必要はないわけです。

二人目に、習近平を選んだ理由は、古い中国を解体するため。国の仕組みをひっくり返し、新しい中国に生まれ変わるよう、国のトップである習近平のエネルギーを反転させ、新しいリーダーを生み出すことが目的なのです。

ですから、裏宇宙のエネルギーがトランプに入った意味と、習近平に入った意味は、まったく違います。トランプは、エネルギーをさらに上げるため、習近平は、あえてエネルギーを変えて、体制を変えるために選ばれたのです。

そして、三人目に岸田総理が選ばれたのは、アメリカからの脱却を果たすためです。エネルギーの均衡を読むと、岸田総理に反転エネルギーが入ったことで、日本はアメリカと共鳴し、新たな関係が生まれるようです。これまで日本は、大国にやられっぱなしでしたが、世界のリーダーとして上がっていくのです。

中国は、習近平が新しいリーダーに変わることで、戦争や反乱もなく、社会システムが〝穏やかに〟変わっていきますし、アメリカも、裏宇宙がトランプをサポートしていますから、愛と調和のエネルギーが高まっていきます。そうなれば、個人の能力と個性を重視する国へと変わっていくので、力づくで日本を始めとする近隣諸国を抑えようとしなくなるでしょう。

そんな時に、肝心の岸田総理が、これまでのように受け身のままでは、日本は何も変わりません。しかし、「反転」によって、そのスタンスを脱していけば、世界の上に立つ国へと、大きく変わっていくはずです。

第9章

反転して融合する新たな世界を生きる

学者も感知できない「裏宇宙」

そもそも、「裏宇宙」とは、どんな世界なのでしょう？　反転によって起こるさまざまな変化を皆さんが受け入れていくためには、そこを詳しくお話をしなくてはなりません。

先ほどもざっくり説明しましたが、まず、素粒子を考えてください。すべての物のエネルギーの発生は、素粒子から始まります。宇宙の発生も、何もなかったところに、ものすごい重量がかかって超高密度となり、それがバン！と弾けた時（ビックバン）、素粒子が飛んで、ポジティブとネガティブに分かれました。

そして、ポジティブは右螺旋の宇宙、ネガティブは左螺旋の宇宙となり、右螺旋の宇宙にある地球に住んでいるのが我々です。

では、左螺旋の宇宙はどこにあるのか、ということになりますが、素粒子の片方は必ずありますから、宇宙理論的には、左螺旋の「裏宇宙」は存在しています。

ただ、そこは、我々がこれまでまったく感知できなかった世界。多くの人が、異次元のことや目に見えないパラレル宇宙の話をしますが、どれも右螺旋の表宇宙の現象について語っているだけでした。

自分たちがいる宇宙とは真反対のまったく感知できない「裏宇宙」の話は、今まで誰もしてきませんでしたし、最先端の宇宙学者たちですら、「反転した宇宙はあるだろう」ぐらいの認識で終わっていました。

しかし、「あるだろう」ではなく、「ある」のです。実際に存在し、そのエネルギーが私に入ってきたわけですから、もはや信じる、信じないのレベルではありません。あるのが当たり前なのです。

現在、地球において最先端とされている宇宙物理学、量子力学の学者たちも、「量子力学で捉《とら》えられる宇宙はほんの一部で、ほとんどは理論やデータでは物語れない」と明言しています。

生態系のトップは石?!

ここからは、私ドクタードルフィンが最高次元「ズルーラ」のエネルギーを通してわかった裏宇宙の地球について、具体的に話していこうと思います。

裏宇宙の地球には、わかりやすく言うと、表宇宙の地球とは180度真逆になった存在のすべてがいます。表地球にいる人間は、あなたも私も、全員が、反転した状態で同時存在しているのです。

表ドクタードルフィンに対して、裏ドクタードルフィンが存在しており、表の私が男性なら、裏は女性。表の私が病弱だったら、裏の私は健康、表の私がひねくれた性格なら、裏の私は素直で純粋、表の私がお金持ちなら、裏の私は貧乏……と、完全に逆転した「私」が存在しているのです。

さらに、星としての在り方や自然界の仕組み、身体の構造も、表宇宙の地球とは真逆で、自転の方向も反対なので、太陽は、西から昇り、東へ沈みます。

ちなみに、『天才バカボン』のテレビアニメ主題歌も、「西から昇ったおひさまが東へ沈む」《JASRAC 出 2308658-301》という歌詞から始まり、まさに反転宇宙の話。バカボンパパの名言「これでいいのだ」を生み出した赤塚不二夫《あかつかふじお》はやはりすごい人だと言わざるを得ません。

話を戻しましょう。大陸と海の割合も、表宇宙の地球は、だいたい7割が海、3割が大陸ですが、裏宇宙は、3割が海、7割が大陸で、大陸の方が大きな割合を占めています。

また、我々は、太陽の光が必要ですが、裏宇宙の生命は、光をあまり必要としていません。むしろ、太陽を浴びると機能が低下するので、夜に活動して昼は寝ています。そのため、闇の中でも目が見えるようになっており、身体の機能は我々とはまったく違うようです。

そして、何より驚愕《きょうがく》なのは、生態系の仕組みです。我々の地球は、人間が生態系のピラミッドの頂点で、そこから動物、昆虫、植物……と下に向かっていきますが、裏地球では、人間が一番下です。食物連鎖も、最初に捕食されるのは人間で、微生物があるとしたら、そのエサになっている可能性が高いです。

逆に、生態系の頂点に立っているのは、驚くことに石などの鉱物です。石がトップにいる世界とは、どんなものなのか、突飛すぎて想像もつきませんが、私がリーディングしたところ、裏宇宙の石は、表宇宙のそれとはまったく別物で、自ら動いたりワープ移動もできる、かなり次元の高い存在のようです。

それに比べて、一番次元の低い人間は、身体の自由度が低く、非常に弱い存在で、蟻《あり》などの昆虫にも逆らえず、「はい、はい」と言うことを聞いている様子が見えてきます。

『猿の惑星』という映画で、人間が猿に支配される世界が描かれていましたが、もっと激しい逆転現象が、裏宇宙では起こっているのです。

右螺旋と左螺旋の違いというのは、そこまで大きいですから、「脳」で理解するのは困難でしょう。ましてや、「昆虫にも負ける世界」など、あまりにも過酷すぎて、到底、人間が生きていけるとは思えません。表宇宙の概念や感覚を完全に切り離し、それこそ頭を「0」にしないと、受け入れることはできない世界なのです。

裏宇宙の地球では皆が死にたがっている

しかし、裏宇宙の地球では、つらい、悲しい、苦しいといった感覚や感情、思念、観念も、我々とは反対です。善悪や快不快の概念そのものがひっくり返っていますから、表の人間が「苦痛」と感じることが、裏の人間にとっては「快感」です。病気も「不運」ではなく「幸運」で、つらいどころか、進んで病気になりたいと思っているようです。

その根底にあるのは「死」に対する考え方の違いで、裏宇宙の地球人たちは「死」を１００％ポジティブなもの、大いに歓迎すべきもの、という死生観を持っています。彼らにとって、最上級の幸せは「死」であり、生き延びるよりは、できるだけ早く死んでしまいたいと望んでいるのです。

そのため、暴力や戦争などの破壊行為で多くの人が死んでしまうのは、「正しく」、皆が長く生き延びてしまう平和な世界は間違っており、「もっと争いなさい」という教えになっています。

そんな世界なら、すぐに滅んでしまいそうですが、そうはならないのが、表の世界同様、地球という星の大きな矛盾です。

我々が住む表宇宙の地球は、愛と平和を願い、争いはやめようと唱え続けているのに、国家レベルから個々レベルまで、争いがなくなった歴史は一度もありません。世間一般で正しいとされ、皆が幸せになれるのに、あえて、その逆の行動を取ってしまう、それこそが人類誕生以来、地球が抱え続けているパラドックスです。

裏宇宙の地球では、人を騙したり、嘘をついたりする人間が善で、人に優しく、正直である人間は悪とされています。悪人であればあるほど、人類全体の次元上昇にプラスになり、愛と調和の精神を持った善人は、マイナスに作用するのです。しかし、表の地球から、自分のエゴで次元を下げる悪い人間がいなくならないように、裏宇宙の地球にも、争いを好まない〝悪人〟が大勢います。善悪の基準は真逆ですが、どちらも、両方のタイプの人間が存在するので、結果、滅びないのです。

表宇宙の地球人たちは、もっと長く生きたいと願っても、死んでしまいます。裏宇宙の地球人たちは、できるだけ早く死にたいのに、生きてしまいます。そうやって、それぞれが避けようのない矛盾や葛藤《かっとう》を抱えて生きねばならない。それが、表も裏も、「もがく星」である地球の宿命なのです。

私ドクタードルフィンは、すべてのものには善も悪もない、全部が中立だと、ずっと言い続けてきました。それが、なかなか根付かないのが現状でしたが、今回、反転エネルギーが入ってきたことで、ようやく、その理由が腑に落ちるはずです。

これまでは、表側の宇宙の中でしか物語ってこなかったので、どうしてもメッセージの力が弱かったのです。しかし、裏宇宙のエネルギーを感知したことで、全宇宙の視点から、「中立」について物語れるようになりました。大宇宙大和神が、地球人類に伝えたかったメッセージの最後のピースが、ようやく揃ったのです。

そのピースとは、「自分たちは、片方だけの存在だと知りなさい」ということ。つまり、本書で語られてきたメッセージは、すべて、裏と表の融合が果たされる話へとつながっているのです。

これまでは、片方のままで進化を目指し、エネルギーを上げようとしていたため、どうしても超えられない限界がありました。しかし、裏表合わせた全宇宙的な視野で物語れるようになれば、こちらで悪とされていても、あちらでは善、あちらで善とされているものは、こちらでは悪なのだから、善悪の観念そのものがまったく意味をなさなくなる。つまり、どう転んでも「中立」でいるしかなく、真の「0」化が進んでいくわけです。

私のシナリオで行くと、今後、世界はガラリと様変わりしていくはずですが、それが完全に実現するのか、一部の人間しか体験できないのかは、地球人類の集合意識にかかっており、一人一人の意識の選択次第になります。

それは、いよいよ、本当の「0」化を目指すため、自分で自分の道を選べるタイミングが来たということ。これまでうまくいかなかった人も、古い自分にグッバイして、人生を大化けさせる、絶好の機会がいよいよ訪れたのです。

善も悪も受け入れ、新しい自分を生み出す

これまでは、表宇宙と裏宇宙の行き来ができませんでした。異次元のパラレル変

換をしても、表宇宙の範囲内に留まり、裏の自分にアクセスすることができなかったのです。

しかし、今は違います。裏宇宙とのブリッジがかかり「道」が通ったことで、「異次元の反転パラレル変換」が可能になり、裏宇宙に行って「反対の自分」を見たり、体験することができるようになるのです。

これは、最高の宇宙の勉強です。表の世界のあなたが、これまでコンプレックスだと思っていたことが、裏の世界では褒め称えられているかもしれないし、表の自分の長所が、裏では短所になっているかもしれない。完全にひっくり返った世界を垣間見る衝撃は、計り知れないでしょう。

ただ、ややこしいのは、裏の世界では、人類全体の概念や価値観も反転していますから、例えば、こちらでは仕事ができない自分が反転して、ものすごいやり手になっていたとしても、裏の世界では仕事ができることが、劣っているという価値観になっており、やり手＝ダメな人という評価を下されているかもしれない。その辺りは、とても複雑で、裏表が逆といっても単純な話ではないのです。

名前は出しませんが、こちらの世界でエゴの強さゆえに次元を下げている、ある政治家は、反転した世界で愛に溢れた人間になっています。ですが、先ほど言ったように、裏の地球で「愛」は悪なので、やはり、嫌がられる人間になっていました。つまり、裏表、どちらに転んでも、次元を下げてしまう存在もいるということなのです。

それを回避するためには、優劣や善悪の判断をやめて、表の自分も裏の自分もあるがまま受け入れ、一回「0」になり、新しい自分、新たな「1」を生み出すしかありません。だからこそ、学びが大きいのです。

表の地球が進化できないのは、戦争するのはダメなこと、勉強できないのは劣っていること、病気になるのは悪いこと、といった強烈な固定観念で、ブレーキをかけているためです。

しかし、そういった、表の世界の固定観念の逆をいく反転エネルギーが入ってくれば、ブレーキが緩み、進化のスピードを上げられます。表だけで善悪を考える価値観は、すでに限界がきており、それを一気にひっくり返すためには、一人一人が裏宇宙のエネルギーに触れ、融合し、中立になっていくことが必要不可欠なのです。

表と裏が融合し一つの円になる

裏宇宙のエネルギーを取り入れるには、瞑想、もしくは、副交感神経が優位になって松果体《しょうかたい》が活性化する睡眠中に、ポータルを開いて裏宇宙にパラレル変換するという方法があります。ただ、これは誰にでもできることではないですし、自分ではなかなかコントロールできませんから、もっと簡単に、すぐに実践できる方法として、イメージングをおすすめします。

やり方は、シンプルで、まず、裏宇宙にいる反対の自分を想像し、感じてください。ベッドの中でも、お風呂に入っている時でも、いつでもいいので、一日一回、「まったく反対の自分とは、どんな自分だろう？」とイメージするのです。性別や性格、経済状況、能力、ビジュアルも、すべて逆。そんな裏の自分を細部まで具体的に想定して、成りきってみましょう。そうすると、今の自分の意識を変えられる、強力なヒントが得られるはずです。

ただ、その時に大事なのは、無理に今の自分を変えようとしないこと。それをやってしまうと、せっかく反転エネルギーを感じ、固定観念のブレーキが緩んでも、またブレーキが強くかかってしまいます。

表の世界では、「自分に至らないところがあれば、それを反省し、改めなさい」と言われますが、その、「改める」という観念こそブレーキの原因です。ほとんどの人は、生まれ持った性格を簡単に変えることはできません。

スピリチュアルの世界でも、「こう変化しなさい」「こういう人間を目指しなさい」と、自分ではない自分になるためのメソッドばかり唱えていますが、それによって、むしろ生きにくくなっている人も多いのではないでしょうか。

大宇宙大和神は、必死に変わろうとして、もがき苦しむ人間たちに、「今の自分を変える必要はない、なりたい自分は、裏宇宙に存在しているから、そのままでいい」と言っています。

どういうことかというと、今のあなたは、そもそも片方だけの存在、つまり、元々半身が欠けた「欠点」のある存在で、もう片方の欠けた部分のあなたは、裏宇宙にいます。優しくない人が優しくなろうと努力したり、弱い人が強くなろうと頑張っても、「優しいあなた」も「強いあなた」も、すでに裏宇宙に存在していますから、表宇宙の中、つまり、半身のままで変わるのは不可能です。なのに、無理に変えようとするから、これまでうまくいかなかったのです。

仮に、変わったとしても、それは表面だけのことで、根本的には何も変わりません。例えば、「ひねくれた性格を直したい」と思っても、ひねくれる癖を持っている人は、まっすぐな性格にはなれない。一瞬、まっすぐになっても、また、すぐ元に戻ってひねくれます。なぜなら、ひねくれることが、表宇宙においてのあなたの個性であり、あなたの課題だからです。

「素直なあなた」は、裏宇宙に存在しており、表と裏の二人を合わせて「自分」ですから、どちらも、何も変わる必要はありません。それぞれが、それぞれの自分をまっとうするだけでいいのです。ですから、あなたは、ひねくれることを大いに喜び、受け入れてください。その時、「ひねくれるのは悪いこと、素直なのは善いこと」という善悪の固定観念が外れ、初めて「0」化への道が開けるのです。

本当の意味の「ワンネス」とは、陰陽を表した太極図のように、表宇宙と裏宇宙の融合なのです。それを学ぶため、宇宙は、あえて分離し、片方の世界、片方のエネルギーで存在する道を選びました。

しかし、表の宇宙しか知らず、その中でもがく時期は、終わろうとしています。これからは、どんなに嫌な自分であろうと、どんなに納得のいかない人生を歩もうと、今の自分に足りないものは、全部、裏側の自分が持っていますから、そのエネルギーを感じるだけでいいのです。そうすれば、表と裏は融合して一つの円になり、心も身体も人生も安定した、完全体の自分になれるのです。

読者の皆さんも、この本を読み終わったら、まず目を閉じて、裏宇宙のエネルギーを感じてみてください。そして、あらゆる進化を生み出す、あの、魔法の言葉を唱えてみましょう。


「これでいいのだ」。

あとがき

ロシア・ウクライナの戦争が続く中、イスラエルとパレスチナ自治区ガザ地区・ハマスの紛争が勃発《ぼっぱつ》し、世界は今、大きく揺れ動いています。

その、約1ヶ月前、本書の制作中に、宇宙史上初めて裏宇宙の反転エネルギーが私ドクタードルフィンを通して、地球に入ってきたのは決して偶然ではありません。

「もがく星」の地球では、エネルギーが大きく変化する時、あらゆる想定外の出来事が起こります。そのたびに、大宇宙大和神は、私を通して、人類に必要な言葉を送り続けています。

そのため、本書は、かなりディープな内容になっています。誰も唱えたことがない、まったく未知の内容も記しているので、一度読むだけでは理解が追いつかない人も多いでしょう。

しかし、大きな変革期を迎えている今だからこそ、受け入れなくてはいけない重要なメッセージが詰まった、深く濃い一冊にすることができました。

世界が揺れ動いても、人生に何が起こっても、宇宙の真理は不変で、地球という星を選んだ、皆さんの魂の使命は変わりません。

もがくことで、どうしても辛くなった時、安らぎを求めたい時、また、自分や周りを「変えたい」と思ってしまった時、本書を手に取ってみてください。開いたページに、きっと、今を生きるヒントがあるはずです。

88次元 Fa－A

ドクタードルフィン 松久正

88次元 Fa-A
ドクタードルフィン 松久 正

医師（慶應義塾大学医学部卒）、米国公認 Doctor of Chiropractic（米国 Palmer College of Chiropractic 卒）。

鎌倉ドクタードルフィン診療所院長。

超次元・超時空間松果体覚醒医学（SD-PAM）／超次元・超時空間 DNAオペレーション医学（SD-DOM）創始者。

神や宇宙存在を超越する次元エネルギーを有し、予言された救世主として、人類と地球を次元上昇させ、弥勒の世を実現させる。著書多数。

ドクタードルフィン公式ホームページ　https://drdolphin.jp

至高神 大宇宙大和神《オオトノチオオカミ》の反転

令和 6 年 1 月 28 日　初版発行

著　者　　松久正
発行人　　蟹江幹彦
発行所　　株式会社　青林堂
〒 150-0002　東京都渋谷区渋谷 3-7-6
電話　03-5468-7769
装　幀　　TSTJ inc.
印刷所　　中央精版印刷株式会社

Printed in Japan

ISBN 978-4-7926-0755-5

松久正　既刊本一覧

マダガスカルの異次元力
ひろしとアリスの異国交流を通して

ステッカー付き　2880円／上製

宇宙マスター神「アソビノオオカミ」の呪縛解き　封印された日本人の目醒め

神札付　2880円／上製

超古代ピラミッド「富士山」と高次元フリーエネルギー　その覚醒・起動による近未来予言

神札付　2880円／上製

至高神　大宇宙大和神の守護
破綻から救済へ

神札付　2880円／上製

"五芒星"封印解除と"魔除け"再起動
鬼門（白猪）・裏鬼門（八咫烏）の復活と天照大御神の伊勢神宮内宮本鎮座

神札付　2880円／上製

0と1
宇宙で最もシンプルで最もパワフルな法則

ステッカー付　2880円／上製

（価格はいずれも税抜）

至高神　大宇宙大和神の導き
操り人形の糸が切れるとき

神札付　2880円／上製

宇宙マスター神「アソビノオオカミ」の秘教　地球の封印を解く大宇宙叡智

神札付　2880円／上製

卑弥呼と天照大御神の復活
世界リーダー・霊性邪馬台国誕生への大分・宇佐の奇跡

お守り付　3550円／上製

神医学

1710円／並製

ピラミッド封印解除・超覚醒
明かされる秘密

1880円／並製

神ドクター
Doctor of God

1400円／並製

（価格はいずれも税抜）